ALFRED CZECH

KUNSTSPIELE

Spielend Kunst verstehen lernen

Für Kinder und Erwachsene

WOCHEN SCHAU VERLAG

Bibliografische Information der Deutschen Nationalbibliothek

Die Deutsche Nationalbibliothek verzeichnet diese Publikation in der Deutschen Nationalbibliografie; detaillierte bibliografische Daten sind im Internet über http://dnb.d-nb.de abrufbar.

museums pädagogisches zentrum

In Zusammenarbeit mit dem
MPZ, Museums-Pädagogisches Zentrum München

2. Auflage

www.wochenschau-verlag.de

Text: Dr. Alfred Czech
Grafik: k2o, Klaus Ohl, Wiesbaden
Gesamtherstellung: Wochenschau Verlag

ISBN 978-3-89974-754-6

Inhaltsverzeichnis

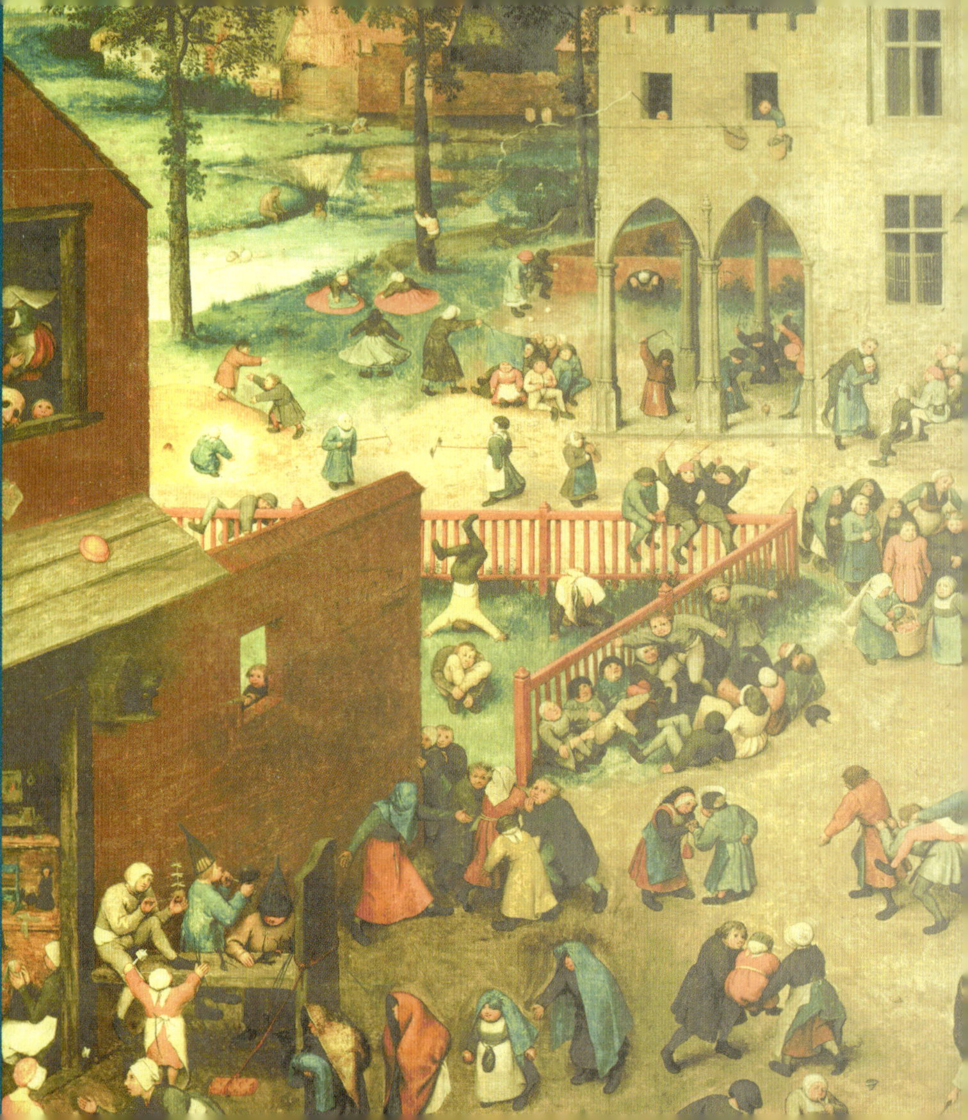

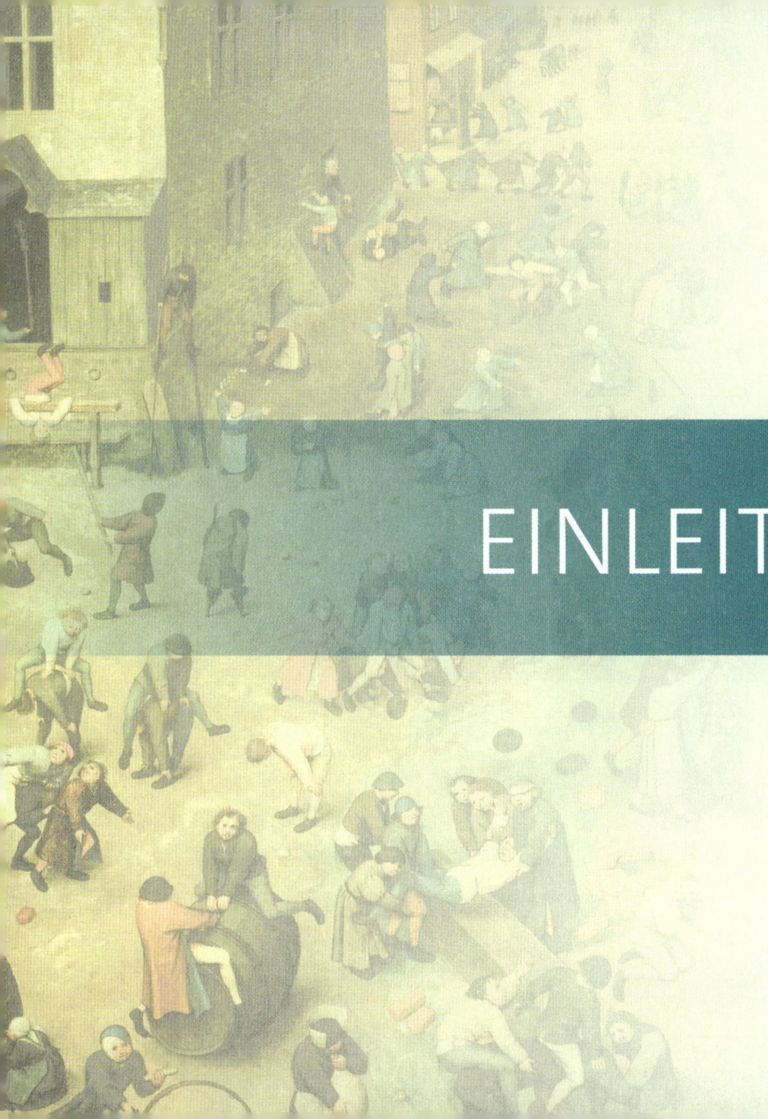

EINLEITUNG

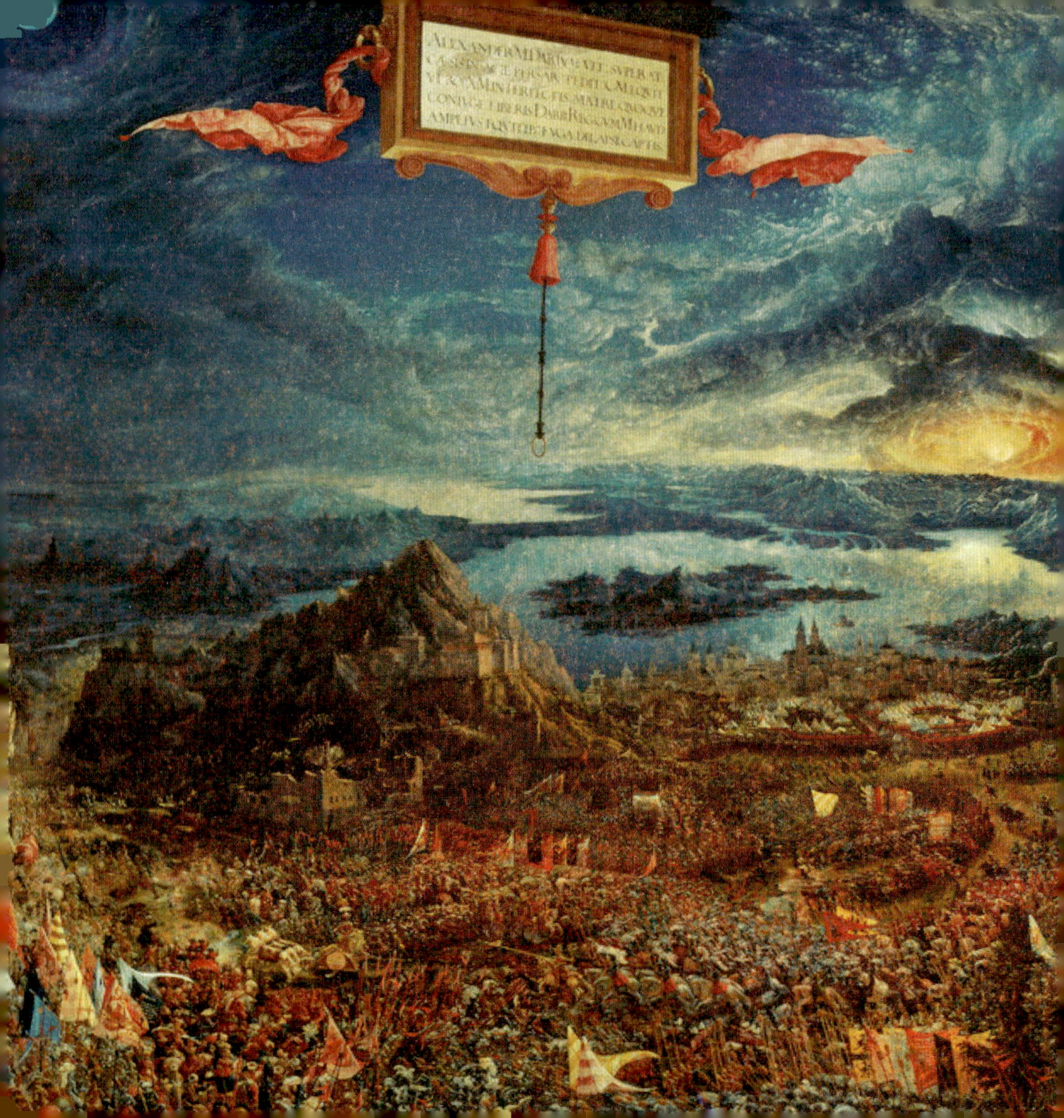

Einladung, mit der Kunst zu spielen

Dieses Buch stellt Spiele vor, mit denen sich Kinder und Jugendliche, aber auch Erwachsene auf unterhaltsame Weise mit Kunstwerken beschäftigen können. Man muss natürlich nicht aus jeder Begegnung mit der Kunst ein Spiel machen, aber es macht einfach Spaß, sich mit anspruchsvollen kulturellen Zeugnissen in „unernster" Form auseinanderzusetzen.

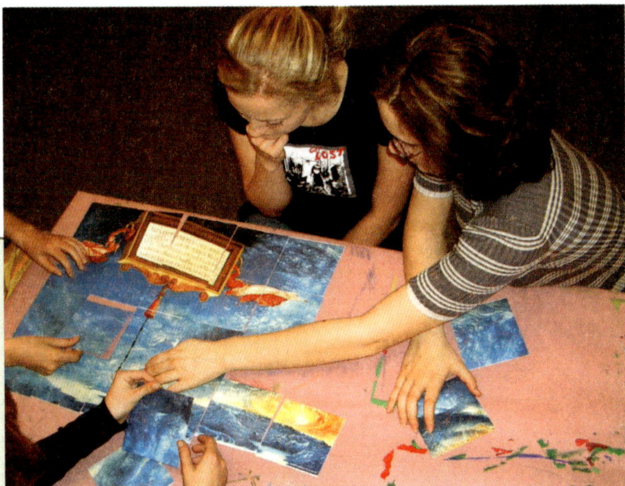

Von Studentinnen selbst produziertes Puzzle zum Himmel der Alexanderschlacht

Albrecht Altdorfer: Alexanderschlacht, 1529. Foto: Bayerische Staatsgemäldesammlungen – Alte Pinakothek, München (Abb. linke Seite)

An wen richtet sich dieses Buch?

Die Spielideen können alle aufgreifen, die in der Freizeit oder im Beruf spielerische Zugänge zur Kunst suchen. Viele Spielideen wandeln klassische Spiele ab, sind für alle interessant, die gerne selbst Spiele konzipieren und gestalten. Die digitale Bildbearbeitung eröffnet ungeahnte Möglichkeiten, Spiele in fast professioneller Qualität selbst herzustellen.

Spiel und Kunst – Theorie und Praxis

In der Pädagogik wird dem spielerischen Lernen in Freizeit und Schule verstärkte Aufmerksamkeit gewidmet. Wer sich für diese allgemeine Fundierung der „Kunstspiele" interessiert, lese den kurzen Vorspann mit Gesichtspunkten zum Verhältnis von Spiel und Kunst.

Die in diesem Buch vorgestellten „Kunstspiele" wurden in museumspädagogischen Veranstaltungen entwickelt und erprobt.[1]

Im ausführlichen Praxisteil werden ihre Regeln, Charakteristika und Potenziale dargestellt. Jedes Spiel wird an einem Beispiel illustriert, das man im Museum vor dem Original oder zu Hause mit der Reproduktion ausprobieren kann.[2] Zusätzlich werden im Handel angebotene Spiele besprochen.

Wer mit Familie oder Freunden, mit Gruppe oder Klasse Kunst zu Hause, im Museum oder in der Schule spielerisch entdecken will, wird hier fündig.

Spiel und Kunst – Kunst und Spiel

Spiele gehören zur Welt der Kinder, sind „unernst“ und ohne praktischen Zweck. Die Kunst gehört zur Welt der Erwachsenen, ist bedeutend, wertvoll und ernst. Das Museum ist kein Ort für Kinderspiele und der Spielplatz kein Ort für die Kunst. Da mag es befremden, dass wir einen spielerischen Umgang mit der Kunst vorschlagen. Doch Kunst und Spiel sind sich wesensverwandt. Beide schaffen eigene Welten, in denen die Spieler ihre Erfahrungen widerspiegeln, experimentieren und sich an Heraufforderungen messen. Der Kulturhistoriker Johan Huizinga vertrat in seinem berühmten Buch „Homo ludens“ sogar die These, dass sich alle Formen der Kultur aus dem Spiel entwickelten.[3]

Kunstspiel-Welten

Das berühmte Gemälde „Kinderspiele“ (1560)[4] von Pieter Bruegel d. Ä. stellt solch eine doppeldeutige Gegenwelt dar (siehe S. 10 und 11): Kinder bevölkern sie, Erwachsene sind aus ihr verbannt. Die Kinder spielen – alleine, zu zweit, in Gruppen – über 90 verschiedene Spiele. Viele kommen ganz ohne Hilfsmittel aus, zum Beispiel bei körperlichen Funktionsspielen wie „Bockspringen“ oder „Reiterkampf“. Manche bedienen sich alltäglicher Gebrauchsgegenstände, die, wie das Fass als Pferd, umgedeutet werden. Wenige Kinder besitzen ein einfaches Spielzeug wie Reifen, Puppe oder Würfel. Als distanzierter Betrachter des Bildes

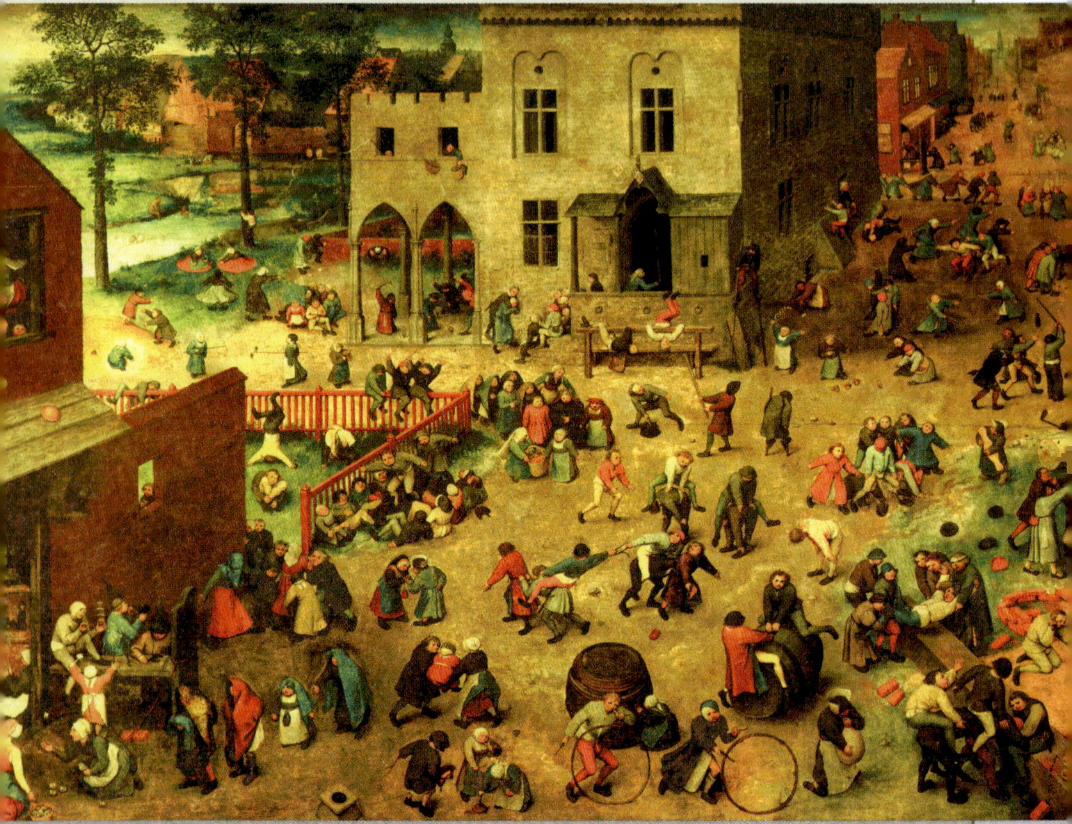

Pieter Bruegel d. Ä.: Kinderspiele, 1560, Kunsthistorisches Museum, Wien

durchschaut man die Abgeschlossenheit dieser Spielwelt, die durch die Kunst Bruegels so anschaulich zugespitzt wird. Vielleicht wollte Bruegel durch diese Überspitzung auf einen moralischen Hintersinn seines Bildes aufmerksam machen: „Wer, wie die spielenden Kinder, so in seiner eigenen Welt gefangen ist, der verliert den Sinn für die Wirklichkeit." Eine solch moralisierende Interpretation gründet auf dem Denken in gegensätzlichen Begriffen. Spiel und Ernst, Sinnlosigkeit und Sinn, Nutzlosigkeit und Nutzen. Sie wertet die Spielwelten als „verkehrte" Welten ab. Diese Haltung wirkt, trotz der Erfolge der Spielpädagogik, unterschwellig nach. Spielen und lernen schließen sich, zumindest in der Schule, oft noch aus.

Pieter Bruegel d. Ä.: Kinderspiele, 1560, Detail

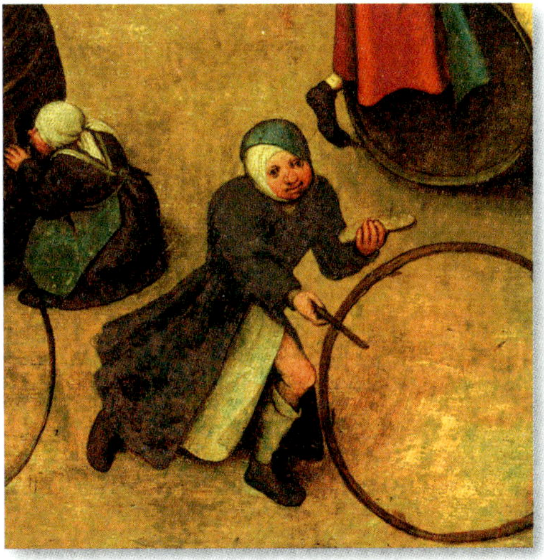

Dabei liegt ein spezieller Reiz der „Kinderspiele" Bruegels darin, dass uns das Bild zum imaginären Mitspielen einlädt. Wir können uns in die Kinder hineinversetzen, wenn wir uns an Lust und Schmerz, Triumph oder Niederlage erinnern, als wir in unserer Jugend die gleichen Spiele gespielt haben.[5] Im 20. Jahrhundert wurde das Spiel als prinzipielle Haltung zum zentralen Thema, etwa bei Marcel Duchamp.[6] Der Betrachter wurde zum imaginären oder realen Mitspieler, wie bei den Happenings.

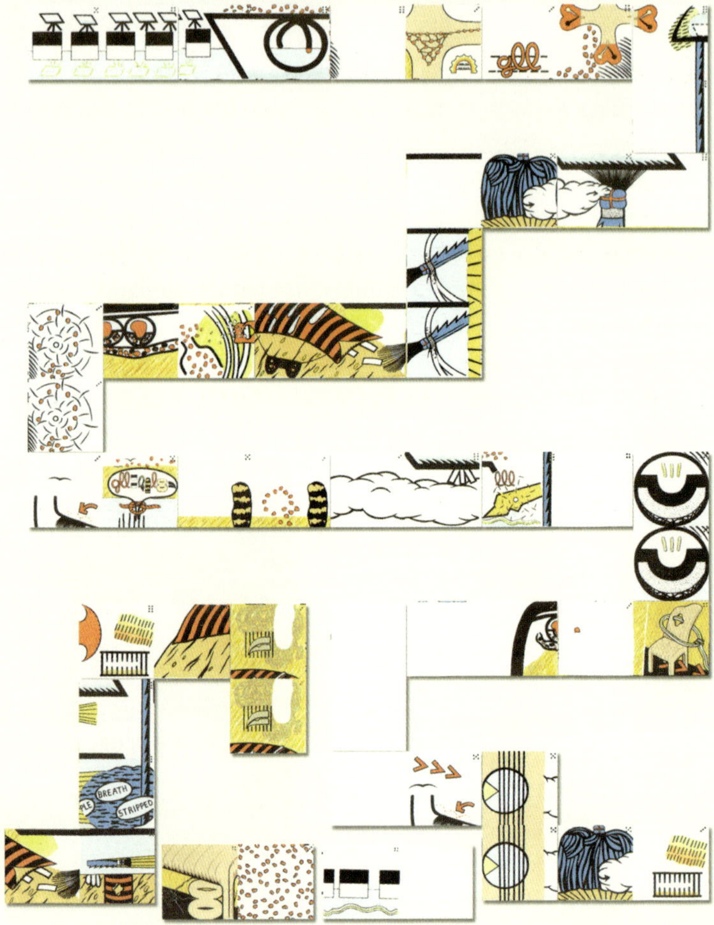

Öyvind Fahlström: Sitting ... Dominoes, 1966, Siebdruck auf Vinyl, Magnete, Metall und Plexiglas

Öyvind Fahlström griff in seinem Werk „Stitting … Dominoes“ (1966)[7] die Form und das Prinzip eines Legespiels, des Dominos, auf. Allerdings unterlief er das Prinzip des Dominos, bei dem gleiche Motive auf verschiedenen Karten einander zugeordnet werden. Fahlström fixierte seine Bildelemente mit Magneten, sodass sie sich auf dem Bildfeld bewegen lassen. So wies er dem Kunstrezipienten die Doppelrolle des Betrachters und „Mitspielers“ zu, um ihn mit seinem spielerischen Ansatz zu konfrontieren: „Das fundamentale Prinzip für Spiel-Bilder […] ist die Konfrontation der Freiheit der Variation mit der willkürlichen Unveränderlichkeit des Aussehens, des Materials und des Aufbaus.“[8]

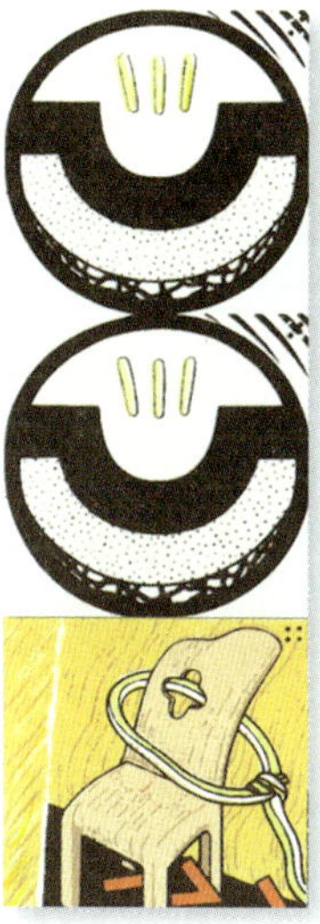

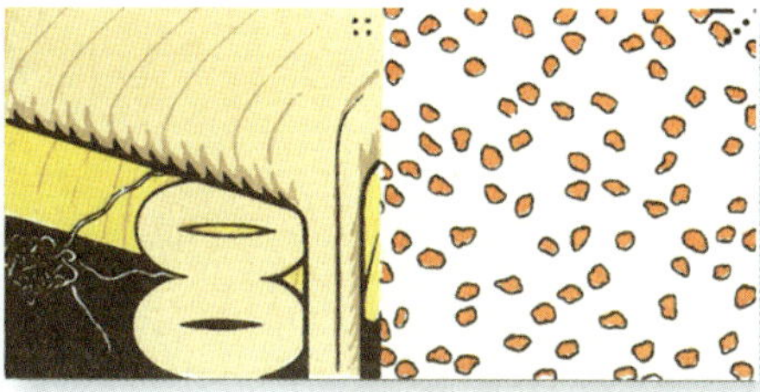

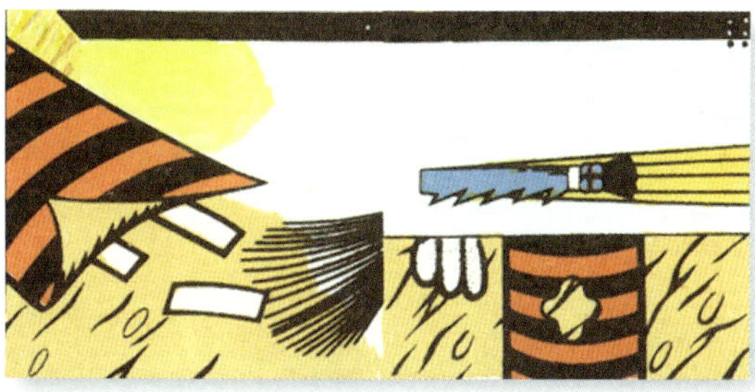

Öyvind Fahlström: Sitting … Dominoes, 1966, Details

Vielfalt und Stärken der Spiele

Nicht nur die Wesensverwandtschaft zwischen Spiel und Kunst, sondern auch die Vielfalt der Spiele macht sie für die Kunstvermittlung so attraktiv. Folgende Grundtypen stellt Bruegel bereits in seinem Gemälde „Kinderspiele“ dar: Funktions-, Fiktions- und Symbolspiele. Zu diesen archetypischen Spielen kommen in unserer Zeit Spielformen hinzu, die umfangreicheres Spielmaterial erfordern: Konstruktions-, Informations-, Explorations- und Regelspiele. Jeder Typ bietet spezifische Möglichkeiten für die Kunstdidaktik:

Funktionsspiele

Mit diesen Spielen testen und erfahren Kinder ihren Körper sensorisch und motorisch. Sie spielen in der Vermittlung zeitgenössischer Kunst eine Rolle.

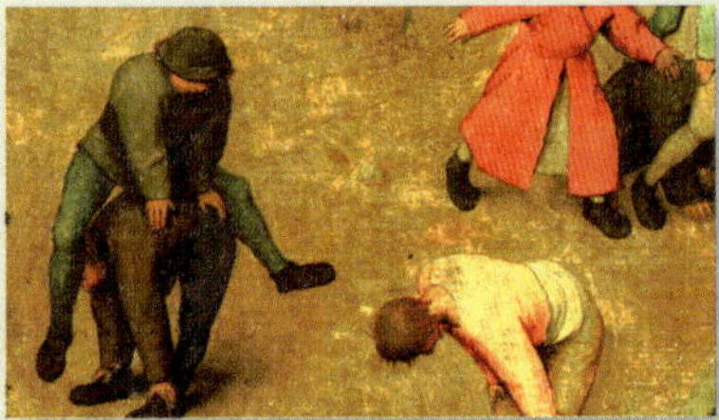

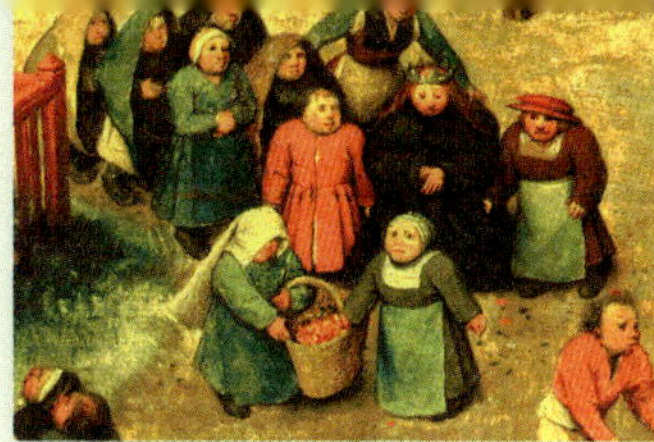

Fiktions- und Symbolspiele

Im Rollenspiel versetzen sich Kinder und Jugendliche in den Körper und den Geist eines anderen. Die physische Auseinandersetzung mit einem Kunstwerk hinterlässt einen besonders nachhaltigen Eindruck und animiert eine Gruppe zu lustvoller Interaktion. (→ Kapitel „Kunstwerke nachstellen", S. 116)

Konstruktionsspiele

Gestalterische Aktivitäten – Zeichnen, Malen, Formen, Bauen – gehören seit jeher zum Kernbestand der Kunstvermittlung. Sie lassen sich auch mit Spielregeln koppeln. (→ Kapitel „Gestaltungsspiele", S. 94)

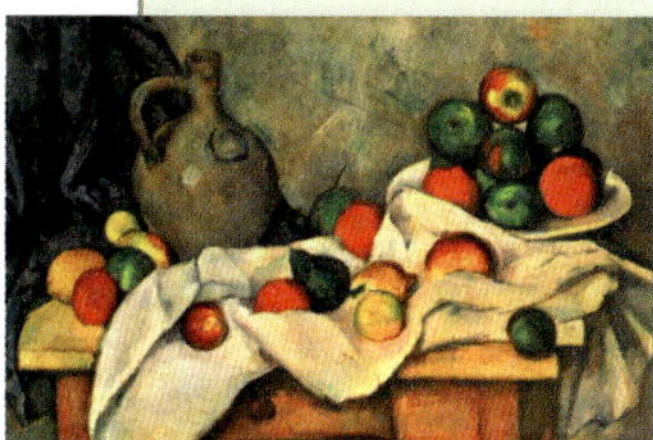

Informations- und Erkundungsspiele

Informationsspiele haben Tradition in der Museumspädagogik, vor allem in der medialen Betreuung für Einzelbesucher. In ihnen werden kunsthistorische Informationen wohldosiert und spielerisch verpackt dargeboten: Es gibt sie als Museumsrallye, Kartenspiel, Kunstquiz oder Kreuzworträtsel. (→ Kapitel „Kartenspiele", S. 50 und „Informationsspiele", S. 122). Unter Erkundungsspielen lassen sich alle Arten regelgebundener Erkundungen subsumieren, die Beobachtungsgabe, Kombinationsvermögen und Bildgedächtnis fordern. (→ Kapitel „Erkundungsspiele", S. 24, und „Visuelle Kombinatorik und Bildgedächtnis", S. 68)

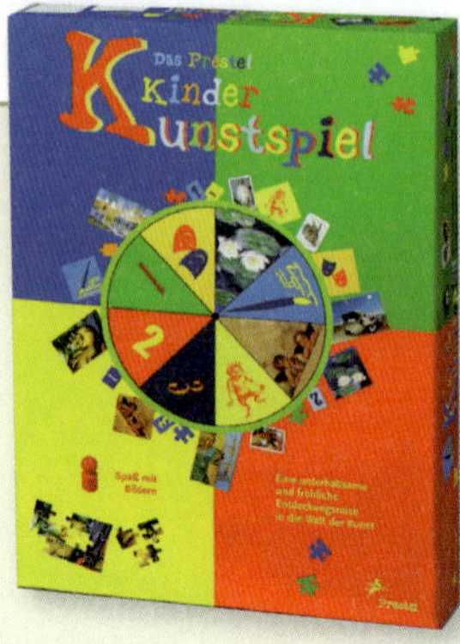

Regelspiele

Sie verpacken den Umgang mit Kunstwerken und kunstgeschichtlichem Wissen in komplexen Strategiespielen mit einem ausführlichen Regelwerk. In den letzten zehn Jahren sind eine Reihe von Gesellschaftsspielen zum Thema Kunst veröffentlicht worden. (→ Kapitel „Gesellschaftsspiele zur Kunst", S. 146)

Warum Spiele so attraktiv sind

Kinder, Jugendliche, Erwachsene – alle spielen gerne. Auf Spiele lassen wir uns mit einem ganzen Bündel von positiven Vorurteilen ein: Wir erwarten unterhaltenden, spannenden Zeitvertreib zu zweit oder in einer kleinen Gruppe. Spiele sind Teil der lustvoll erlebten Freizeit, in der man sich seine Beschäftigungen freiwillig und selbstbestimmt sucht.

Johan Huizinga bringt die Faszination von Spielen auf eine kurze Formel: „Das Spiel bindet und löst. Es fesselt. Es bannt, das heißt: es bezaubert" (J. Huizinga, Homo ludens). Es zieht die Spieler in seine Welt. Sie entfliehen dem Alltag, befreien sich von Zwängen und Verpflichtungen. Zweckfreiheit verleiht dem Spiel eine Atmosphäre von Leichtigkeit. Die Spieler bringen sich mit ihrer ganzen Person, mit Verstand und Emotionen, ein. Sie können Verhaltensstrategien erproben, ohne aus ihrem Verhalten Konsequenzen im richtigen Leben fürchten zu müssen.

Regeln und Spielmaterialien geben den Rahmen vor. Aber wie die einzelne Spielrunde verlaufen wird, kann niemand genau vorhersagen. Denn Zufall und Konkurrenz gestalten den Verlauf oft unwägbar und überraschend.

Eine positive Einstellung zeigen auch Gruppen, die zu einem Spiel aufgefordert werden, dieses also nicht (ganz) freiwillig spielen. Diese positive Haltung geben Teilnehmer nicht auf, wenn sie mitbekommen, dass das Spiel als didaktisches Medium benutzt wird. Nur wenn sich das Spiel als Etikettenschwindel herausstellt, schlägt die Stimmung um.

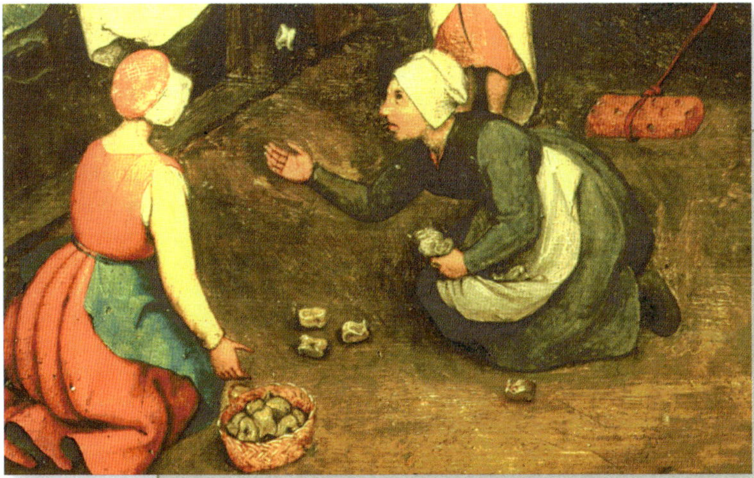

Pieter Bruegel d. Ä.: Kinderspiele, 1560, Detail

Spielen und Lernen

Kunstspiele bieten zwei didaktische Perspektiven: das Spielen selbst und das Konzipieren von Spielen. Entsprechend variantenreich ist die Beschäftigung mit einem Spiel: von ein paar Minuten bis viele Tage, von einem kurzen Impuls bis zu intensivster Auseinandersetzung. Aus didaktischer Sicht werden Spiele dann besonders interessant, wenn man sie nicht mit dem Maßstab des formellen Lernens misst. Sie ermöglichen Erfahrungen und fördern Fähigkeiten auf den unterschiedlichen Ebenen, wobei die Übergänge vom formellen zum informellen bis hin zum beiläufigen Lernen fließend sind.[9]

Die spielerische Annährung an ein Thema birgt eine Reihe von positiven Aspekten für die Kunstdidaktik:

- → Die Spieler gehen mit Eigenmotivation, Offenheit und Aufmerksamkeit an die Sache heran.[10]
- → „Geduld, Vorstellungsvermögen, Konzentrationsfähigkeit, Gedächtnis, das sind Voraussetzungen für eine Reihe von Spielen ...“[11] Während des Spiels wird das mentale Training nicht als Anstrengung erlebt.
- → Wissen wird zur „Spielmaterie“, mit der die Spieler aktiv umgehen.
- → Die Spieler begegnen den Kunstwerken durch die „Bildlichkeit“ des Spiels in Form von gestaltetem Spielmaterial.
- → In der Welt der Spiele sind die Rollen der Spieler nicht fixiert wie in der Schule.[12] Entweder treten alle gleichberechtigt an, oder die Rolle des Leiters wechselt.

- → Spiele lassen den Teilnehmern „Spielräume" bei der Wahl der Aufgaben und des Anspruchsniveaus.
- → Spiele bieten einen Rahmen für soziale Interaktion: Die Auseinandersetzung mit einem Thema wie der Kunst ist gekoppelt an Aktion und Reaktion in der Gruppe.
- → Spielerische Konkurrenz wird als reizvoll empfunden. Zusammenspiel und/oder Gegnerschaft vermitteln Erfolgserlebnisse.

Wenn Jugendliche ein Spiel selbst produzieren, setzen sie sich ungleich intensiver mit dem Thema auseinander, sind konzeptionell, inhaltlich und gestalterisch gefordert:

→ Konzept

Sie können ein bekanntes Spiel adaptieren oder modifizieren oder eine eigene Spielidee mit Regeln und Materialien umsetzen.

→ Inhalte

Um ihre Spielidee mit Inhalten zu füllen, müssen sie recherchieren, das Thema eingrenzen, Bilder und Informationen auswählen.

→ Gestaltung

Eine Spielidee will gestalterisch gut umgesetzt sein, um künftige Spieler anzusprechen. Die Umsetzung beginnt bei der Entscheidung über Formate und Materialien und reicht bis hin zur Verpackung des Spiels.

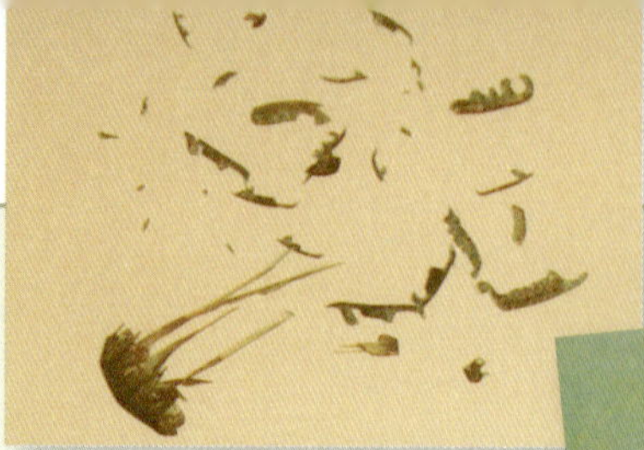

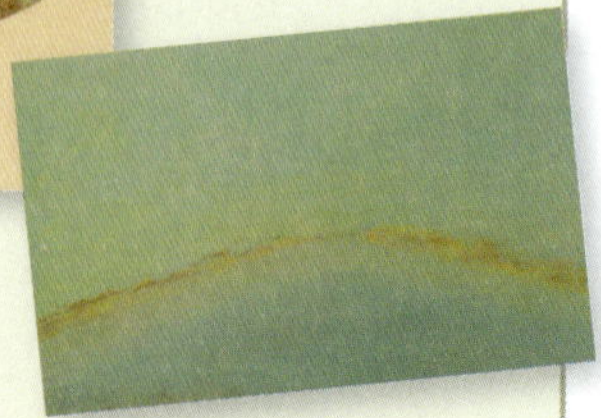

Studentinnen entwickeln ein Legespiel zu einem Gemälde von Francesco Guardi (Abb. S. 22/23): Spieler arrangieren die Gondeln auf einer Wasserfläche nach ihren Vorstellungen, bevor sie das Gemälde betrachten.

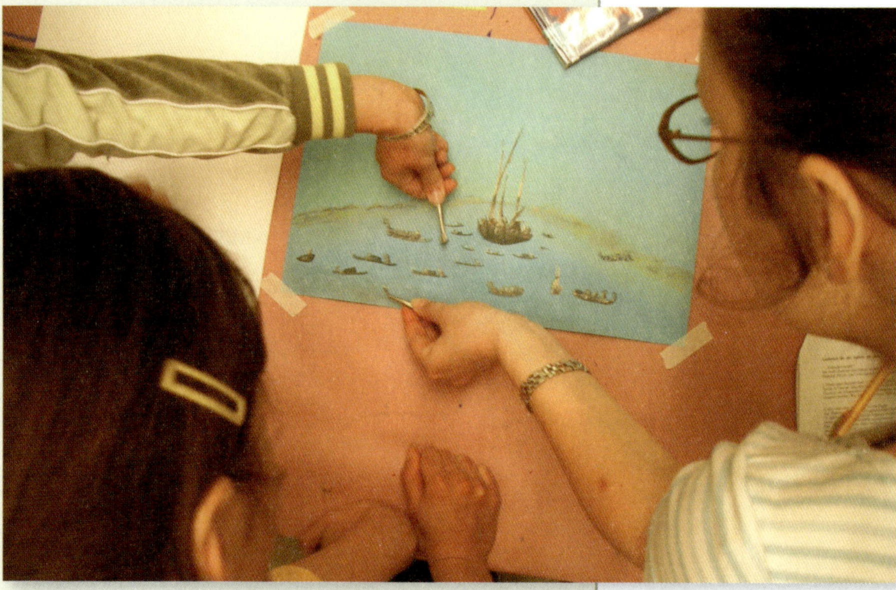

Dies alles ist nur in einem längeren Unterrichtsprojekt oder Kursen möglich. Dabei erfahren die Teilnehmer, wie eng Regeln, Materialien und Inhalte (Bilder und Wissensstoff) miteinander verzahnt werden müssen, damit ein Spiel funktioniert und attraktiv ist.

„Kunstspiele" als Lernspiele?

Sind „Kunstspiele" Lernspiele, wie sie besonders in der Vor- und Grundschuldidaktik breite Anwendung finden?

„Was lernt man überhaupt im Lernspiel? ... Man lernt Ordnungsbeziehungen stiften. Man lernt Relationen herzustellen. Relationen wozu? Zwischen Bildern und Texten, Namen und Daten. Das, womit experimentiert wird, sind nicht die angegebenen Gegenstände selbst, sondern Zeichen von ihnen und wechselseitige formale Verhältnisse zwischen diesen."[13]

In seiner Charakterisierung des Lernspiels arbeitet Hans Scheuerl die Kriterien heraus, die das Spiel im Unterricht legitimieren: die Erarbeitung und Wiederholung von Faktenwissen sowie das Erkennen von Relationen. Da die Spiele wegen der notwendigen „Lösungsgewissheit" keine komplexen Erklärungen oder mehrdeutigen Interpretationen zulassen, tendieren sie zu „formelhaften Abkürzungen und Mechanisierungen allen Wissens".[14] Diese Einwände sind durchaus berechtigt, beurteilt man Spiele nach ihrem formalen Lernwert.

Doch gerade in der Begegnung mit Kunstwerken haben informelle Erfahrungsanreize einen gleichberechtigten Stellenwert:

- → Impulse zu Aktivität, Interaktivität und Kreativität.
- → Koppelung von Lust, Erfahrung und Lernen.
- → Konfrontation mit Ungewöhnlichem, Irritierendem, Provozierendem.
- → Spielräume für selbstbestimmtes, beiläufiges Lernen.
- → Anknüpfungspunkte für das Freizeitverhalten.

Die folgende Vorstellung von „Kunstspielen" als „Lernspiele" soll die Potenziale und die Breite möglicher Erfahrung bei unterschiedlichen Spieltypen auffächern. Spiele provozieren eine große Skala von Anteilnahme. Sie reicht vom flüchtigen Wahrnehmen bis zum „Auswendiglernen" eines Kunstwerks, vom beiläufigen Einlassen bis zur körperlichen Identifikation. Dass Vermittler/Lehrer die Wirkung dieser beiläufigen Reaktionen oft nicht miterleben, heißt nicht, dass sie keinen didaktischen Wert haben.

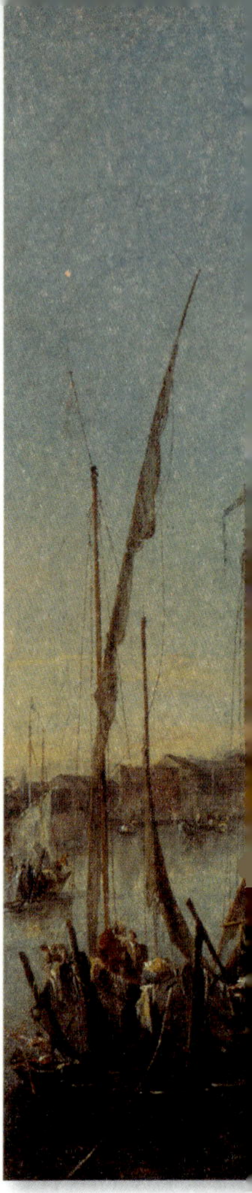

Francesco Guardi: Regatta auf dem Canale della Giudecca, 1784-1789, Bayerische Staatsgemäldesammlungen – Alte Pinakothek, München

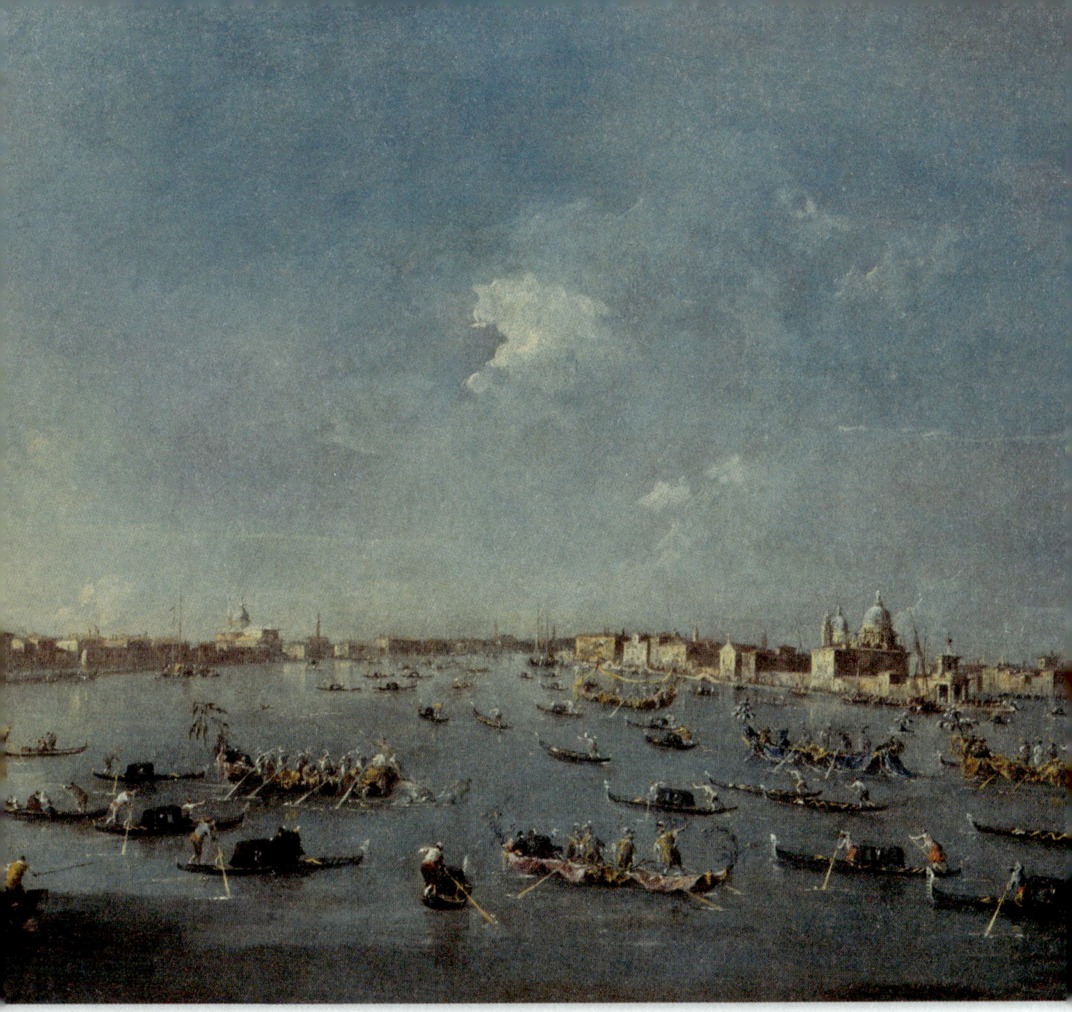

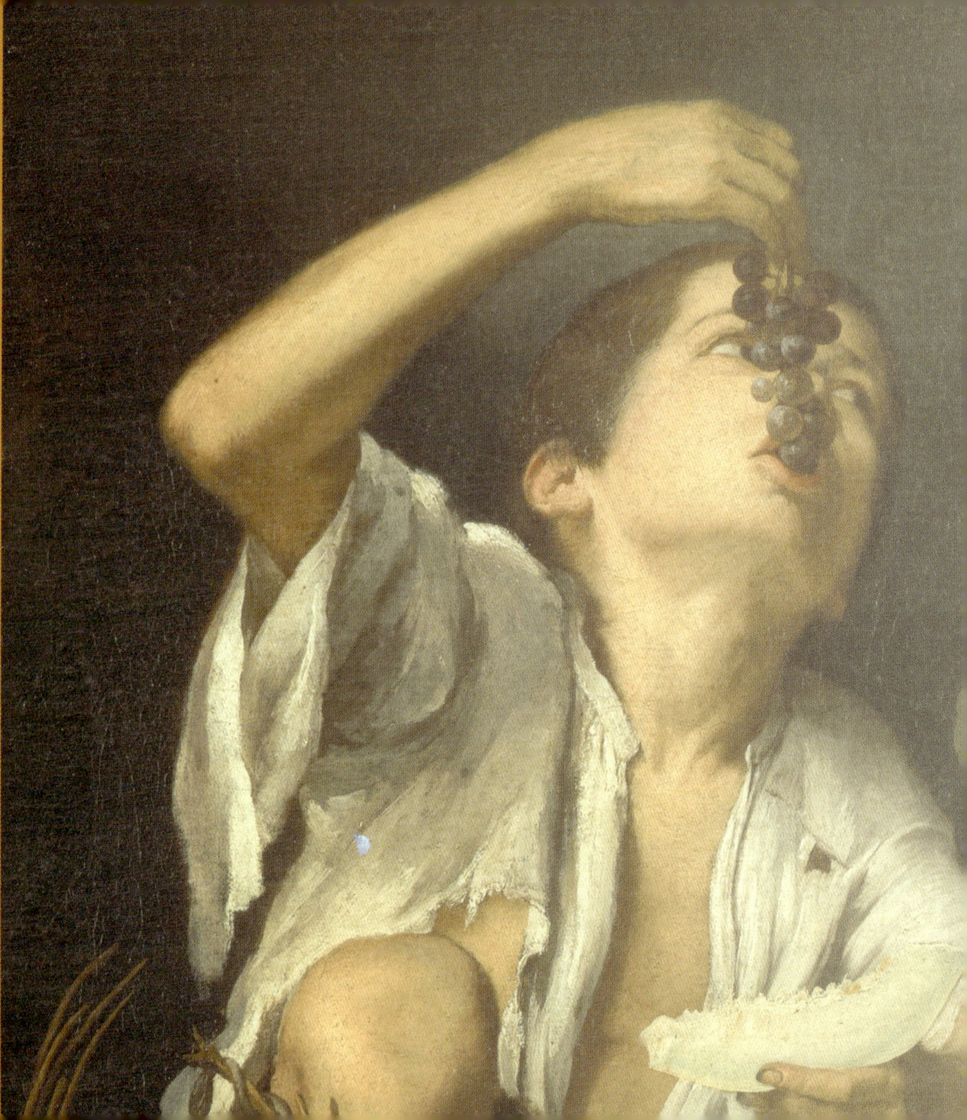

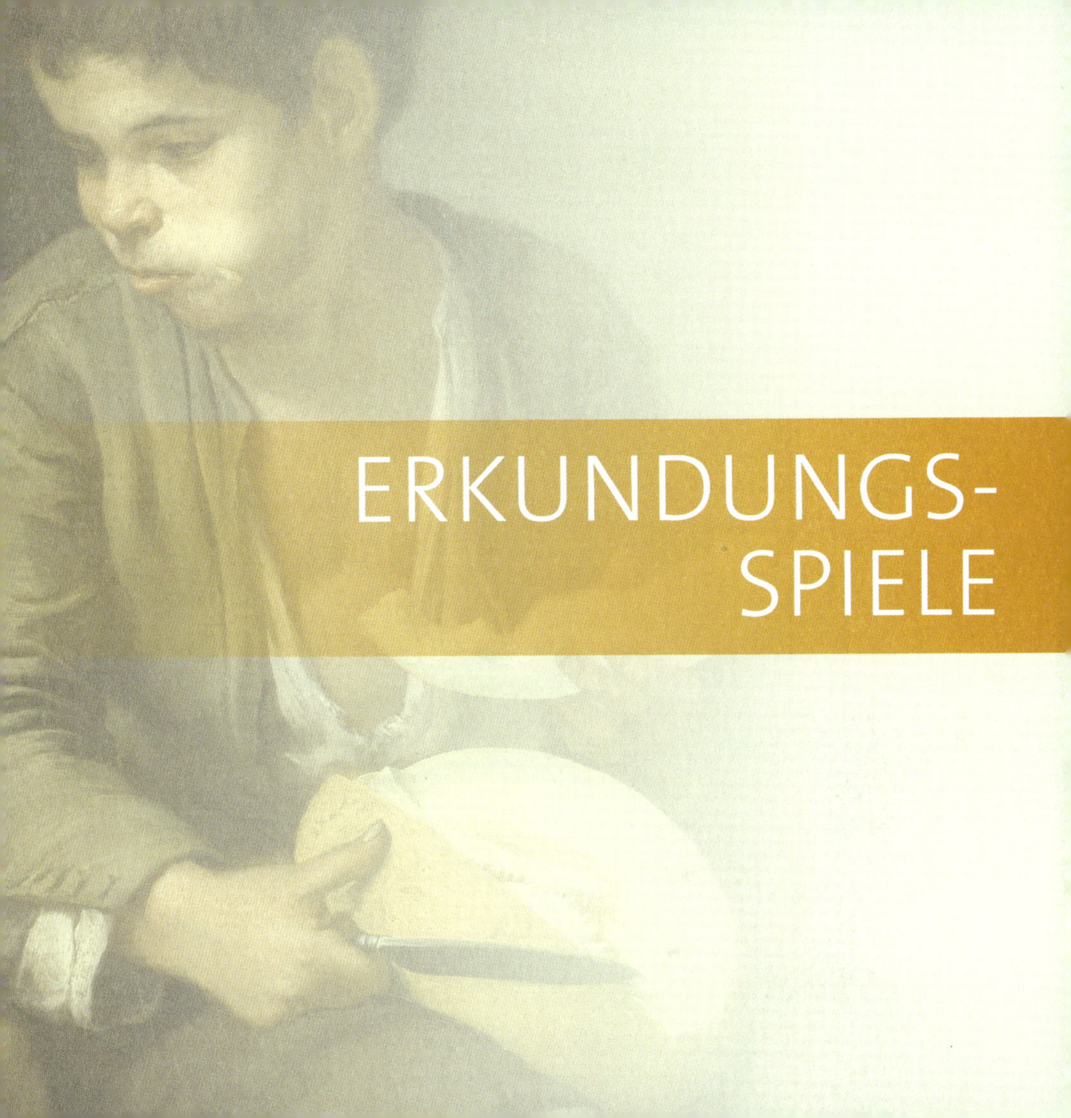

ERKUNDUNGS-SPIELE

Kindern und Jugendlichen ist eine natürliche Neugier angeboren, die sie treibt, ihre Umwelt zu erkunden und erforschen. Erkundungsspiele gewinnen ihren Reiz daraus, dass sie dieser Neugier Richtung und Inhalt geben.[15] Sie fokussieren Aufmerksamkeit: „Ich sehe was, was du nicht siehst!“[16] Sie fordern Spieler heraus, aus komplexen Bildern bestimmte Informationen zu selektieren, wie zum Beispiel Unterschiede zwischen „Original und Fälschung“.

Mit Kunstspielen werden Kunstwelten erschlossen, zugleich aber auch die Innenwelten der Spieler, in denen sie die Kunstwelten rekonstruieren, emotional verarbeiten und reflektieren. Diese Prozesse werden durch den spielerisch-experimentellen Umgang mit Sprache verstärkt, wie zum Beispiel im „Bilddiktat“.

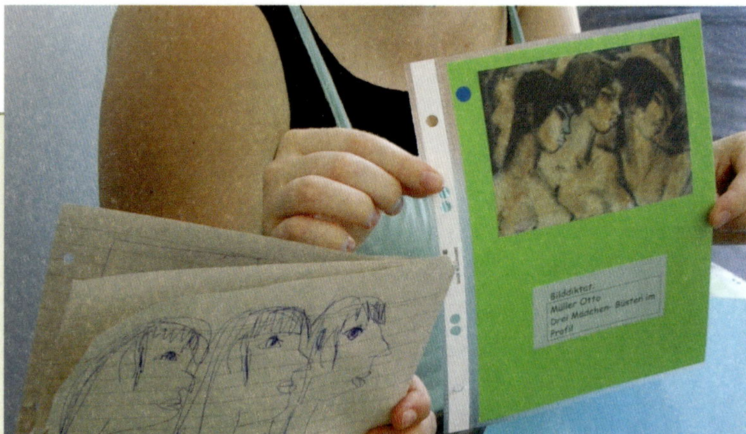

Bilddiktat zu Otto Müller

„Ich sehe was, was du nicht siehst!“

Das Stegreifspiel ist besonders bei kleinen Kindern beliebt.[17] Es erfordert keinerlei Vorbereitung oder Material und lässt sich in fast jeder Situation spielen: zu Hause oder in der Schule, im Auto oder auf einer Wanderung, und natürlich auch im Museum. Je neugieriger die Kinder sind, je mehr sie Lust haben, Neues zu entdecken, desto mehr werden sie an diesem Spiel Freude haben.

Die Kinder können mit „Ich sehe was ...“ verschiedene Kunstwerke in einem Ausstellungsraum entdecken. Das Spiel eignet sich besonders, detailreiche Gemälde oder Objekte zu erkunden.

Ein Kind beginnt mit dem Satz: „Ich sehe was, was du nicht siehst, und das ist gelb (oder rot, grün, blau etc.).“ Die Mitspieler versuchen zu erraten, auf welche Person, welches Objekt im Blickfeld des Aufgabenstellers sich der Hinweis bezieht. Wer es als Erster richtig errät, darf die nächste Aufgabe stellen. Die Suchhinweise müssen sich nicht auf Farben beschränken, es können alle möglichen Eigenschaften sein:

- → Form
- → Material
- → räumliche Beziehung
- → Handlung

Durch einfache Suchhinweise entdecken die Kinder die Vielfalt eines Bildes. Durch komplexe Hinweise wie Handlungen – „Gesucht wird eine Person, die eine andere verfolgt" – lernen sie auch inhaltliche Zusammenhänge kennen.

Im Unterschied zu Jugendlichen und Erwachsenen besitzen Kinder eine sehr breit gefächerte Aufmerksamkeit. In ihrer Umgebung und auf Bildern nehmen sie „einfach alles" wahr, während Erwachsene viel stärker nach Interessen und Vorwissen filtern. So kann das scheinbar so banale Spiel „Ich sehe was, was du nicht siehst!" dem Vermittler/Lehrer helfen, ein Bild durch die Augen der Kinder neu zu entdecken.

Spielformen:
Für Partner und Gruppen

Spielcharakter:
Entdeckungsspiel für Kinder mit oder ohne Wettbewerb, regt die genaue Bildbeobachtung an

Spieldauer:
Von wenigen Minuten bis zu einer Viertelstunde

Alter: Ab 5 Jahren

Beispiel aus dem Museum

Der Ausschnitt „Aschenbrödel probiert den Schuh und wird als die rechte Braut erkannt" gehört zu dem mehrteiligen Gemälde „Aschenbrödel" von Moritz von Schwind (1854, Bayerische Staatsgemäldesammlungen – Neue Pinakothek, München; siehe nächste Seite). Zu der vielfigurigen Szene bieten sich zum Beispiel folgende Fragen an:

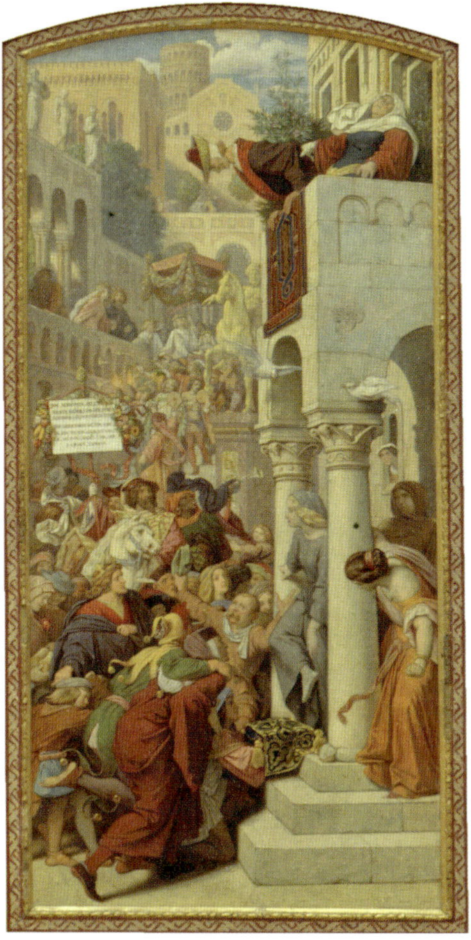

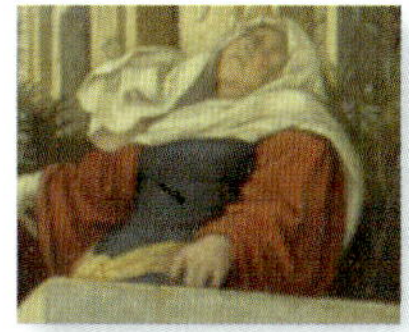

→ Farbe

„Ich sehe was, was du nicht siehst, und das ist rotbraun!“
Offener Hinweis, gemeint sein können die verschiedensten Kleidungstücke.

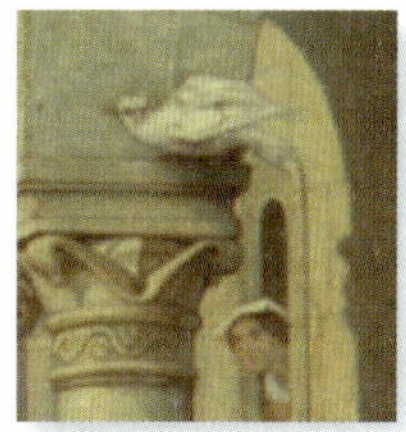

→ Form

„Ich sehe was, was du nicht siehst, und das ist rund!“
Die Aussage lenkt die Aufmerksamkeit auf jegliche Art von runden Formen: Bögen, Rundfenster im Hintergrund, Säulen.

Moritz von Schwind: Aschenbrödel, 1854, Bayerische Staatsgemäldesammlungen – Neue Pinakothek, München

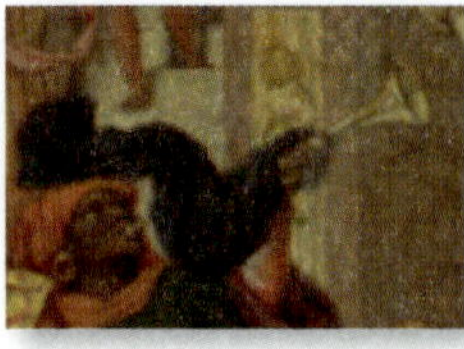

→ Material

„Ich sehe was, was du nicht siehst, und das ist aus Metall!“
Der Vergleich der unterschiedlichen Materialien anhand von Farben und Oberflächenstruktur führt zur Identifizierung des Metalls der Trompeten oder der Schellen an der Narrenkappe.

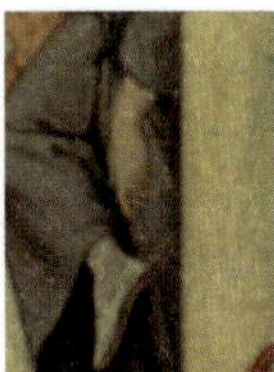

→ Aktion/Beziehung

„Ich sehe was, was du nicht siehst, und darauf wird besonders hingewiesen!“
Die Spieler lesen die Körpersprache der Figuren und verstehen, welche Szene des Märchens dargestellt ist: Aschenbrödel zeigt auf den Schuh, der ihr wie angegossen passt.

Gefühl und Charakter

Das folgende Spiel basiert auf unserer erstaunlichen Fähigkeit, die Stimmungslagen und Charaktere unserer Mitmenschen aus ihren Gesichtszügen und ihrer Körpersprache zu „lesen". Diese Fähigkeiten wenden wir bei Bildern an.

Spielregeln für eine Bildbesprechung

„Gefühl und Charakter" spielt man am besten vor einem großen, figurenreichen Gemälde im Museum. Der Vermittler bereitet eine Reihe von Wortkarten – zu Gefühlen oder Charaktereigenschaften – vor, indem er für jede Figur auf dem Gemälde einen oder mehrere Begriffe notiert. Er kann auch Begriffe hinzufügen, die gar nicht zum Bild passen.

Erste Runde:

Diese Begriffe werden vor dem Bild auf dem Boden ausgelegt. Nun bilden die Teilnehmer kleine Gruppen. Jede Gruppe sucht sich einen Begriff aus. Die Teilnehmer besprechen, welche Person auf dem Bild ihrer Meinung nach das gewählte Gefühl oder die gewählte Charaktereigenschaft verkörpert, und notieren ihr Ergebnis und die Gründe der Zuordnung in Stichworten.

Zweite Runde:

Eine nach der anderen zeigen die Gruppen ihre Begriffe. Die übrigen Teilnehmer notieren auf einem Zettel, welche Person sie den gezeigten Begriffen zuordnen würden.

Dritte Runde:

Nun wird ausgewertet: Für jede Übereinstimmung mit ihrer Zuordnung erhalten die Gruppen einen Punkt. Die Gruppe mit der höchsten Punktzahl gewinnt.

Die Punkte können nur gewertet werden, wenn die Gruppe die Klasse von ihrer Zuordnung Begriff – Figur mit guten Argumenten überzeugen kann.

Nicht der Vermittler/Lehrer, sondern die Klasse entscheidet, was sie aufgrund einer mehrheitlichen Einschätzung für zutreffend oder für nicht zutreffend hält. Dabei erfahren die Teilnehmer, wie unterschiedlich der Einzelne die Personen auf dem Bild wahrnimmt, aber auch, dass es intersubjektiv große Übereinstimmungen gibt. Diese gruppendynamischen Prozesse machen das Spiel attraktiv. Es geht nicht darum, die objektive Zuordnung zu finden, sondern sich darauf einzustellen, wie die anderen urteilen.

Begriffe für die Wortkarten finden

Das Spiel lebt von dem Reiz, zwischen einem abstrakten Begriff und einer konkreten Figur eine spannungsvolle Beziehung aufzubauen.

Durch überlegte Wahl der Begriffe kann der Vermittler/Lehrer Dauer und Schwierigkeitsgrad des Spiels steuern. Liebe, Hass, Angst – je elementarer ein Gefühl ist, desto leichter können die Spieler es in einer Person wiedererkennen. Je komplexer die Gefühlsregungen – Begeisterung, Sympathie, Resignation, Trauer, Wut, Stolz, Überheblichkeit –, desto mehr sind die Teilnehmer gefordert, auf das Zusammenspiel von Mimik, Hand- und Körpergebärden zu achten, um sicherer zuzuordnen. Im Unterschied zu „Ich sehe was, was du nicht siehst!“ regt dieses Spiel nicht nur an, eine Vielfalt von Details zu entdecken. Vielmehr zeichnen sich die Spieler aus, die Details überzeugend in ihrem emotionalen Ausdruck interpretieren können.

Spielformen:
Für Gruppen und Klassen

Spielcharakter:
Anspruchsvolles, gruppendynamisches Entdeckungsspiel, fördert das Einfühlungsvermögen in Personen oder Szenen

Spielmaterial:
Originale oder größere Abbildungen mit mehrfigurigen Szenen, Wortkarten mit Gefühlen und/oder Charaktereigenschaften

Spieldauer:
ca. 20-30 Minuten pro Bild

Alter:
Ab 10 Jahren

Beispiel aus dem Museum

„Die Verspottung Christi“ von Matthias Grünewald (1503/1504, Alte Pinakothek, München) eignet sich besonders für das Spiel „Gefühl und Charakter“, weil sie in besonderem Maße an unser Mitgefühl appelliert. Das Gemälde schildert eine Szene aus der Passion Christi. Mit verbundenen Augen und gefesselten Händen lässt Christus die Schläge der Schergen über sich ergehen, die ihn zugleich verhöhnen: „Weissage uns! Und die Knechte schlugen ihm ins Angesicht“ (Markus 14,65). Die wuchtigen Gesten des Hasses und die passive Haltung des Leidens begleitete Grünewald mit der vieldeutigen Mimik und Gebärdensprache der Männer im Hintergrund.

Auf den Wortkarten zum Gemälde könnten folgende Begriffe stehen:

Hass

Angst

Mitleid

Verschlagenheit

Duldsamkeit

Brutalität

Sadismus

Teilnahmslosigkeit

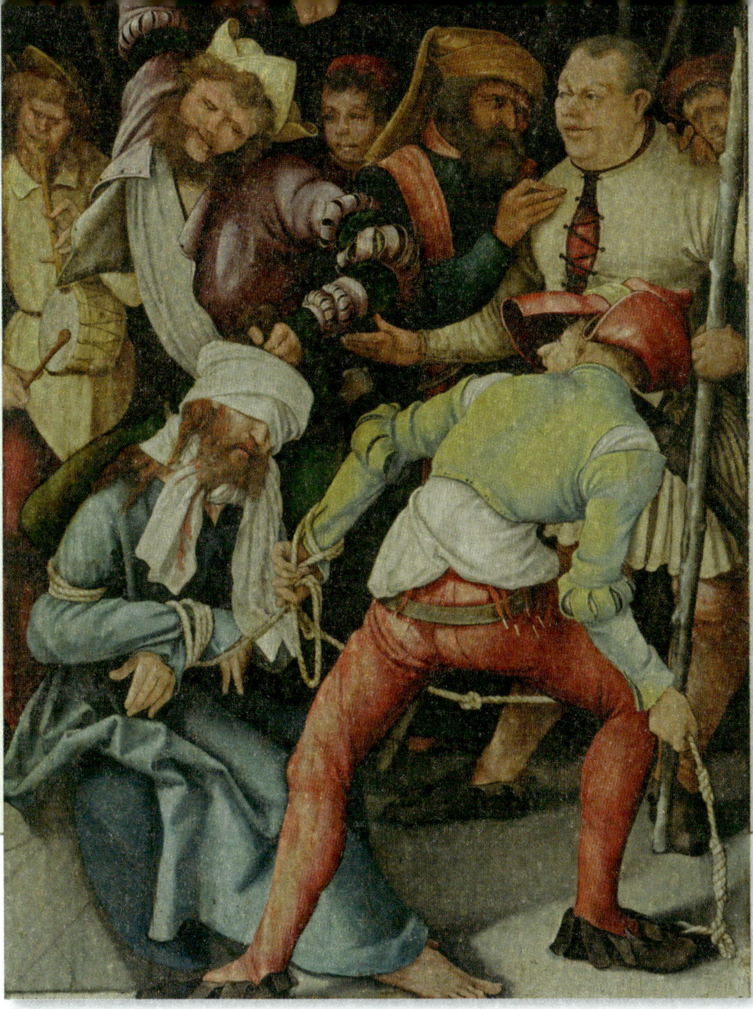

Matthias Grünewald: Die Verspottung Christi, 1503/1504, Bayerische Staatsgemäldesammlungen – Alte Pinakothek, München

Original und Fälschung

Das Rätselspiel „Original und Fälschung“ benötigt kaum Erklärungen: Es gilt, Unterschiede zwischen zwei fast identischen Bildern aufzudecken. Wir kennen das Spiel von den Rätselseiten der Illustrierten. Die Fernsehzeitschrift „HÖRZU“ kultiviert diese unterhaltsame Rätselform seit Jahrzehnten mit Kunstwerken.[18] Selbst als Gesellschaftsspiel wird „Original und Fälschung“ seit einigen Jahren angeboten.[19]

Der Bildvergleich spricht unseren detektivischen Sinn an, verlangt aber keinerlei Vorkenntnisse oder Kunstexpertentum. Altersübergreifend reizt das Spiel Kinder, Jugendliche und Erwachsene gleichermaßen.

Fehler suchen

Das Spiel hat nur eine simple Regel: „Findet die Fehler!“ Es erleichtert die Aufgabe allerdings, wenn die Spieler wissen, wie viele Fehler sich in der „Fälschung“ verstecken.

Der Bildervergleich fordert hohe Aufmerksamkeit für das gesamte Bildfeld. Der Spieler untersucht es formal, indem er Original und Fälschung kurzzeitig im Arbeitsgedächtnis speichert und „virtuell“ überlagert. Hat er einen Fehler entdeckt, vergewissert er sich durch fokussierten, punktuellen Vergleich und widmet der Stelle fortan keine Aufmerksamkeit mehr. Im Verlauf des Bildvergleichs baut der Spieler eine Beziehung zum Bild auf. Dieser wird er sich aber kaum bewusst, da er die visuellen Eindrücke weder gestalterisch noch nach ihrer Bedeutung auswertet.

Fehler einbauen

Natürlich verfälscht jede Veränderung die Bilderfindung des Künstlers. Verfälschungen sind nur gerechtfertigt, wenn sie nicht die Aufmerksamkeit auf sich ziehen, sondern die Qualitäten des Originals hervorheben. Deshalb empfiehlt es sich, der „Fälschung" nichts hinzuzufügen, sondern Gestaltungselemente zu tilgen. Es erhöht den Reiz des Spiels, wenn die Fehler unterschiedlich schwierig zu entdecken sind. Einige werden sofort ins Auge fallen, andere sollten sich erst zeigen, wenn der Spieler die Bilder bereits intensiv verglichen hat. Grundsätzlich sollten keine Farbfehler eingebaut werden, da sich Gemälde und Reproduktion immer farblich voneinander unterscheiden.

Jedes Detail lässt sich verändern, der Vermittler/Lehrer kann die „Fehler" aber auch mit einem gewissen didaktischen Anspruch so platzieren, dass sie

- → auf zentrale Stellen der Bilderzählung und Komposition hinweisen,
- → den Blick auf handlungstragende oder erläuternde Motive lenken,
- → die Aufmerksamkeit für ausschmückende Details schärfen.

Bei einer größeren Zahl von Fehlern hilft es den Spielern den Überblick zu behalten, wenn sie sie in einem „Fehlerprotokoll" stichwortartig notieren. Anhand der Liste kann der Vermittler/Lehrer die Unterschiede überprüfen und den Aussagewert jedes „Fehlers" kurz erläutern (siehe das „Beispiel aus dem Museum"). So mündet die spielerische Beschäftigung in eine kurze oder längere Besprechung des Bildes.

Tipps zur Eigenproduktion von „Original und Fälschung“

Gemälde mit einer Fülle interessanter Einzelheiten eignen sich besonders für dieses Kunstspiel. Je detailreicher sie sind, desto besser lassen sich Abweichungen in der „Fälschung“ verstecken. Mit vielen digitalen Bildbearbeitungsprogrammen kann man perfekte „Fälschungen“ herstellen. Die digitale Reproduktion des Originals wird kopiert und mit Duplizierungswerkzeugen – Kopier- oder Klonstempel – überarbeitet. Dabei wird eine Stelle, an der ein Detail verschwinden soll, durch ihre gleichfarbige und gleich strukturierte Umgebung überdeckt. Der „Fälscher“ lernt das Original dabei natürlich genauer kennen als der Spieler.

Auswertung und Weiterführung

Mit „Original und Fälschung“ lassen sich Bildanalysen und gestalterische Arbeiten gleichermaßen gut vorbereiten. Die Spieler können zum Beispiel die Stichpunkte ihres Fehlerprotokolls nach eigenen Gesichtspunkten ordnen und ausformulieren, um das Gemälde mit deren Hilfe zu besprechen. Durch die intensive Konzentration wird das Bild im individuellen Bildgedächtnis verankert. Das Spiel regt die Auseinandersetzung mit den visuellen Qualitäten des Kunstwerks ohne verbalen Erklärungsvorlauf an. Es kann gut mit kleinen Informationseinheiten – wie Hintergrundinformationen auf Karten – kombiniert werden.[20] Die Spieler entscheiden selbst, welche Arten und Mengen von Informationen sie in ihr Spiel integrieren wollen.

MPZ-Kunstspiel „Original und Fälschung"

Infokarte Thema/Motiv

Bartolomé Estéban Murillo

Kinderelend in Sevilla

Murillo begegnete oft bettelnden Kindern in seiner Heimatstadt Sevilla. Mitte des 17. Jahrhunderts gab es immer wieder Hungersnöte und verheerende Seuchen, bei denen die Armen hungerten und Kinder ihre Eltern verloren. Die Menschen legten den Waisen Essen auf die Fensterbretter. In Klöstern, Kirchen und Gasthäusern gab man ihnen Lebensmittel und Essensreste.

Murillos Kinderbilder sind aber keine unmittelbaren Abbilder der Straßenkinder. Sie stellen möglicherweise auch Figuren aus Schelmenromanen dar, die immer hungrig und auf Nahrungssuche sind. Die Kinderbilder richteten sich an das spanische Publikum, das Darstellungen von einfachen Leuten beim Essen und Trinken schätzte.

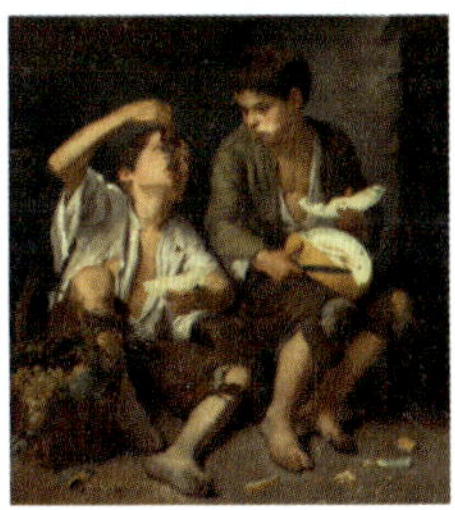

Spielformen:
Für Einzelspieler oder Partner

Spielcharakter:
Suchspiel mit oder ohne Wettbewerb, fördert Konzentration und Bildgedächtnis, weckt das Interesse, mehr über ein Bild zu erfahren

Spielmaterial:
Original (im Museum oder als Reproduktion) und Fälschung (manipulierte Vorlage), Fehlerprotokoll, Bleistifte, evtl. Schreibunterlagen

Spieldauer:
ca. 15-30 Minuten

Alter:
Ab 6 Jahren

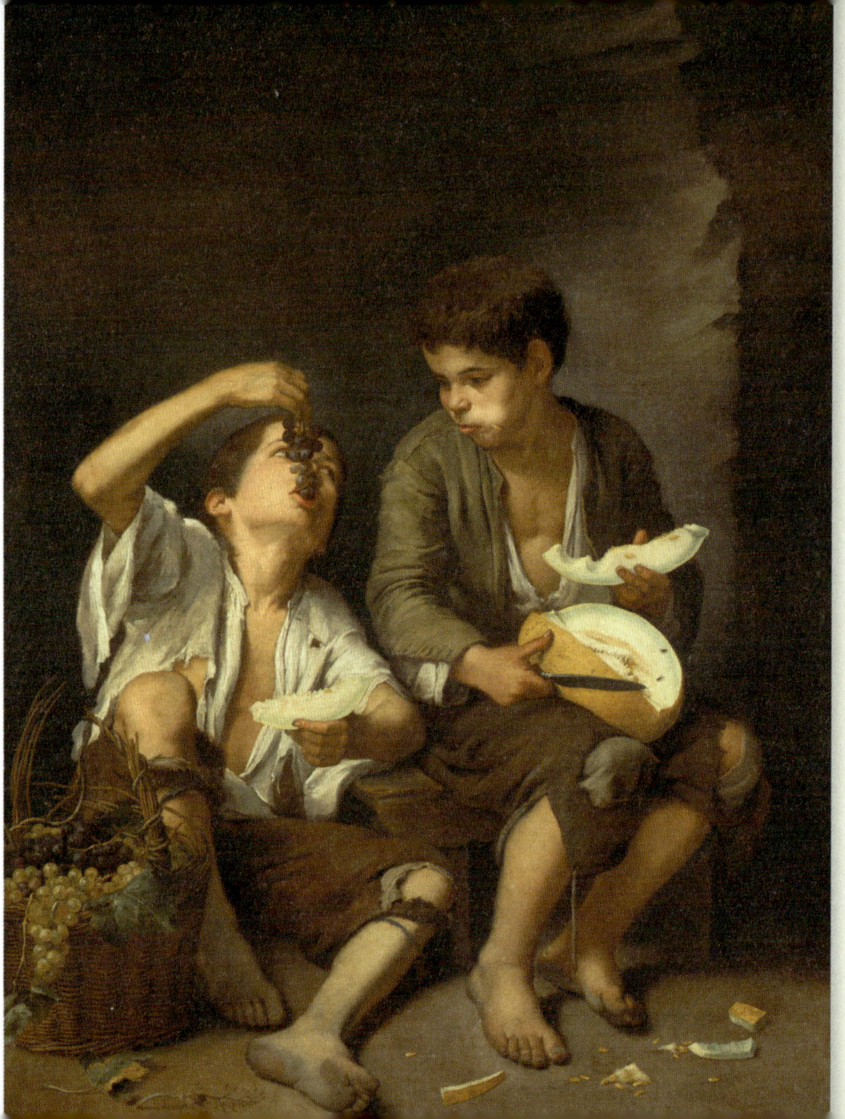

Bartolomé Estéban Murillo: Trauben- und Melonenesser, um 1650, Bayerische Staatsgemäldesammlungen – Alte Pinakothek, München

Original

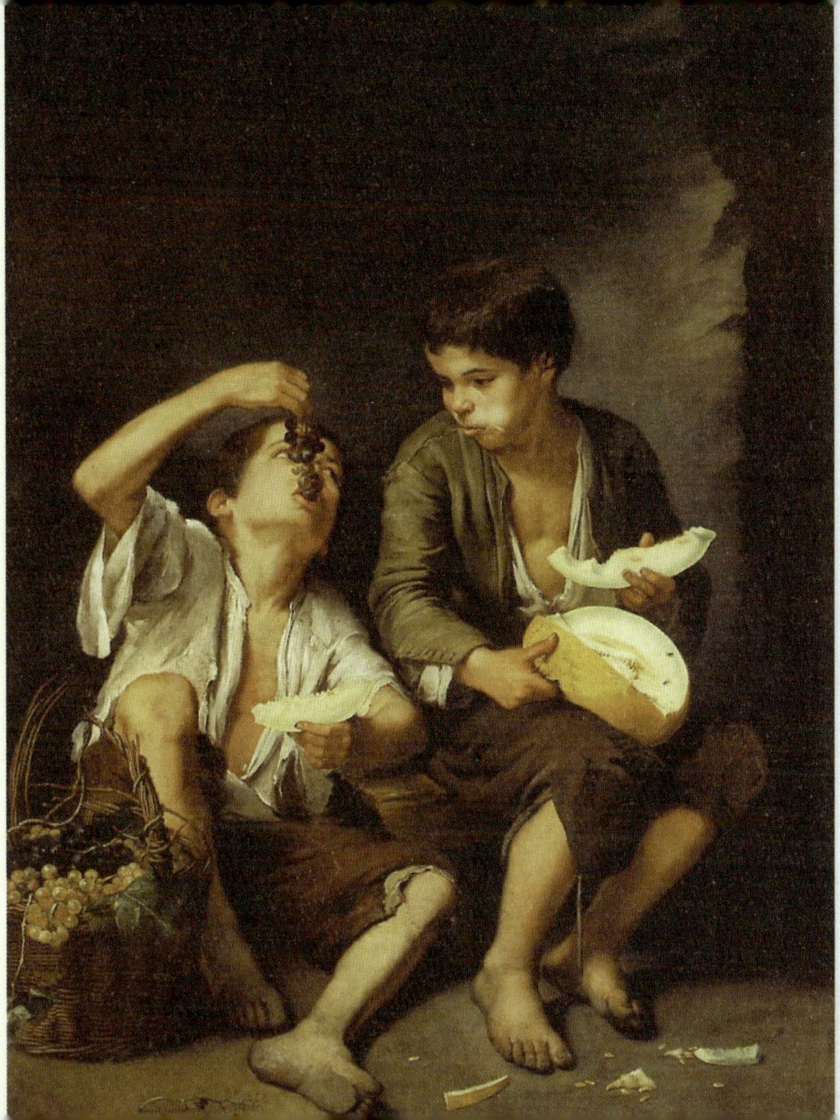

Beispiel aus dem Museum

Das Gemälde „Trauben- und Melonenesser" von Bartolomé Estéban Murillo (um 1650, München, Alte Pinakothek) spricht besonders Kinder im Grundschulalter an. Sie können die Lebensbedingungen zweier „Straßenkinder" aus dem 17. Jahrhundert mit ihren Lebensbedingungen vergleichen. Die Unterschiede von Original und Fälschung werden erläutert, sodass die Beobachtung der Kinder auch eine inhaltliche Bedeutung bekommt.

Folgende zehn Einzelheiten wurden gegenüber dem Original verändert bzw. aus ihm entfernt:

→ **Das Messer**
Der rechte Junge hält im Original ein Messer in der linken Hand, um die Melone aufzuschneiden. Beide Jungen achten nicht auf gute Essmanieren. Hungrig, wie er ist, hat sich der Melonenesser die Backen vollgestopft.

→ **Der Melonenschnitz am Boden**
Die Jungen haben sich an einem ruhigen Plätzchen niedergelassen, einem Winkel in einer dunklen Straße. Ihre Essensreste werfen sie einfach auf den Boden.

→ **Die Hose über dem linken Knie des Melonenessers**
Die Hosenbeine sind um die Knie großflächig durchgescheuert und mit einem anderen Stoff notdürftig geflickt.

→ **Die Hose über dem rechten Knie des Melonenessers**
Die Jungen sind bettelarm, leben auf der Straße, besitzen nur, was sie auf dem Leib tragen.

→ Die Haare über dem Ohr des rechten Jungen

Obwohl die Kinder auf der Straße leben und betteln müssen, sind sie wohlgenährt. Auch wirken ihre Haare geschnitten und gepflegt. Manche Forscher vermuten deshalb, dass Murillo die eigenen Kinder oder Kinder aus seinem Bekanntenkreis für das Bild Modell sitzen ließ.

→ Das Hemd des linken Jungen

Die Kleidung des Traubenessers ist in noch schlechterem Zustand als die seines Spielgefährten. Sein Hemd hat auf der Brust ein großes Loch und franst an den Ärmeln in Fetzen aus.

→ Die Hosenbeine des linken Jungen

Die Hose ist so zerschlissen, dass der Stoff um die Knie nur noch in Streifen herunterhängt.

→ Die Trauben am Korb

Die Jungen haben die Trauben in einem brüchigen Korb mitgenommen. Der Maler hat diesen Korb wie ein Stillleben im Bild am rechten Rand arrangiert.

→ Ein Blatt vor dem Korb

Vor dem Melonenesser liegen Schalenreste am Boden, vor dem Traubenesser ein Traubenstängel und ein abgerissenes Weinblatt.

→ Der weiße Hemdzipfel über der Bank

Der Traubenesser sitzt auf dem blanken Boden, ein weiteres Zeichen der Armut. Der Melonenesser hingegen hat einen Sitzplatz auf einer einfachen Holzbank ergattert.

Bilddiktat

Das Bilddiktat wird seit Langem im Kunstunterricht eingesetzt, um die bildliche Vorstellung zu unterstützen und die genaue Bildbeschreibung zu üben.[21] Es ist ein Spiel für zwei Personen mit verteilten Rollen. Ein Partner hat dabei ein Bild (in Reproduktion oder Original) vor Augen, der andere darf das Bild nicht sehen. Der Diktierende versucht, das Bild so anschaulich zu beschreiben, dass sein Partner es sich vorstellen und als einfache Zeichnung zu Papier bringen kann.

Das Bilddiktat fördert genaue Beobachtung, Umsetzung visueller Eindrücke in Formulierungen und gegenseitige Verständigung. Doch durch die spielerische Kommunikation werden die Anforderungen nicht als beschwerliche Lernprozesse wahrgenommen.

Diktieren leichter gemacht

Nicht jedes Bild eignet sich für ein Bilddiktat. Die Vorlage sollte nicht zu unübersichtlich, komplex und detailreich sein.

Welche Hilfestellungen der Betreuer gibt, hängt davon ab, wie er die Teilnehmer einschätzt und wie sie sich während des Bilddiktats verhalten. Haben sie Selbstvertrauen in ihre bildliche Vorstellungsgabe, so werden sie partnerschaftlich alle Schwierigkeiten überwinden. Sind sie dagegen skeptisch und unsicher, so sind einige Tipps zu Anfang hilfreich:

- → Der Diktierende charakterisiert das Bildformat und seine Aufteilung (eventuell das Zeichenblatt im Bildformat schneiden oder als Rahmen vorgeben).
- → Er beschreibt die Hauptmotive und ihre Position im Bildformat.
- → Er leitet den Zeichner an, auffällige Einzelheiten einzutragen.

Abschließend vergleichen die Partner oder die ganze Gruppe/Klasse das Vorlagenbild und die Zeichnung:

Welches sind auffallende Übereinstimmungen und Unterschiede? Wie kommen sie zustande? Welche Eigenheiten der Vorlage waren dem Zeichner besonders schwer zu vermitteln?

Der Vergleich fördert immer überraschende Entdeckungen zutage: über die Gestaltung und Motive des Bildes, aber auch über die Bedeutung der eigenen Vorstellungen bei der Bildwahrnehmung.

„Freies“ Bilddiktat

Beim „gebundenen“ Bilddiktat beschäftigen sich die Teilnehmer mit einem existierenden Bild, einem Original oder einer Reproduktion, beim „freien Bilddiktat“ erfinden sie ein eigenes Bild mit Worten. Die Partner setzen diese Fantasiebeschreibungen in Zeichnungen um. Dabei bringen beide Partner stärker ihre eigenen Vorstellungswelten ein und schaffen so aktuelle Gegenbilder zu historischen Bildwelten.

Spielformen:
Für Partner oder Kleingruppen

Spielcharakter:
Mischung aus Sprach- und Gestaltungsspiel, fördert die Vorstellungskraft, Beobachtung und das Zusammenwirken von Wort und Bild in der Kommunikation

Spielmaterial:
Bildvorlagen, Papier, Bleistifte, Buntstifte etc.

Spieldauer:
ca. 20-30 Minuten

Alter:
Ab 10 Jahren

Beispiel aus dem Museum

Das Porträt der „Margarethe Stonborough-Wittgenstein“ von Gustav Klimt (1905, München, Neue Pinakothek) stellt die Schwester des berühmten Philosophen Ludwig Wittgenstein formatfüllend und fast lebensgroß dar. Die Dame im schulterfreien Kleid ist von einer Fläche mit abstrakten Mustern hinterfangen: Quadrate, Rechtecke, Streifen und ein mit Kreisen und Spiralen verziertes geschwungenes Feld hinter dem Kopf.

Mit Hilfe dieser Felderung kann der Diktierende die Position der Frau in der Bildfläche leichter erkennen und beschreiben. Die flächige Anlage des Bildes ist denkbar einfach. Die Körperhaltung ist dagegen räum-

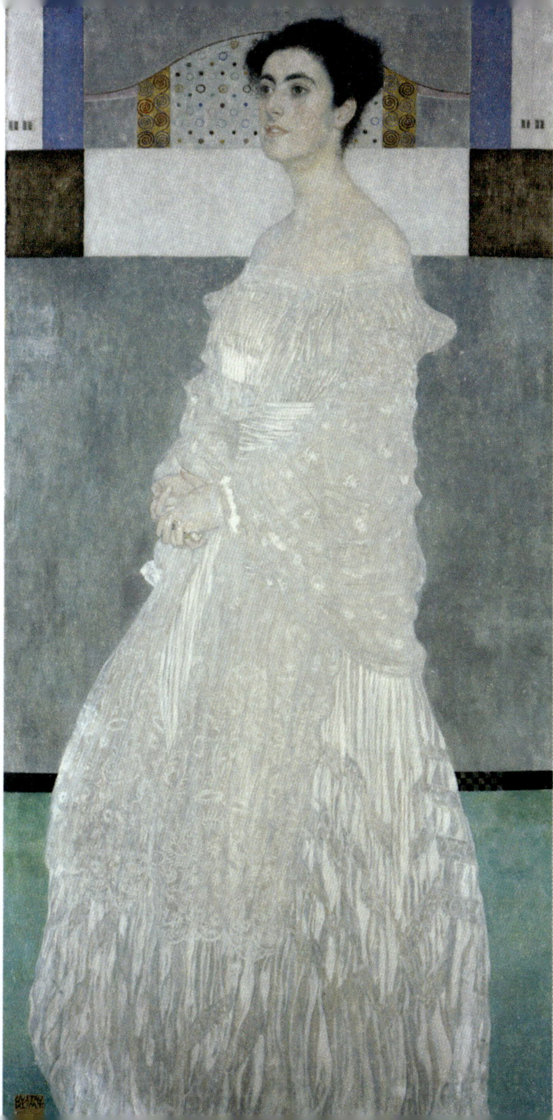

Gustav Klimt: Margarethe Stonborough-Wittgenstein, 1905, Bayerische Staatsgemäldesammlungen – Neue Pinakothek, München

lich kompliziert durch die seitliche Drehung mit der Verkürzung der Schulter. Die Kopfhaltung entspricht dieser Seitenansicht nicht ganz, wendet sich doch das Gesicht etwas mehr dem Betrachter zu. Diese Haltung ist in abgebildeten Diktaten unterschiedlich gut getroffen. Wie weit es dem Spielpartner gelungen ist, den Blick für subtile Details zu schärfen, zeigt sich an der Wiedergabe der Hände. Das komplizierte Ineinanderverwinden der Hände charakterisiert Margarethe Stonborough-Wittgenstein als eine komplexe, wohl auch problembeladene Persönlichkeit. Diese Verschränkung der Hände war entweder für die Zeichner zu schwierig darzustellen oder wurde von den Diktierenden vereinfacht oder „übersehen", denn keines der abgebildeten Diktate gleicht in der Handhaltung einem anderen. Diese Unterschiede bieten einen idealen Einstieg in die intensive Analyse der Porträtkunst Klimts.

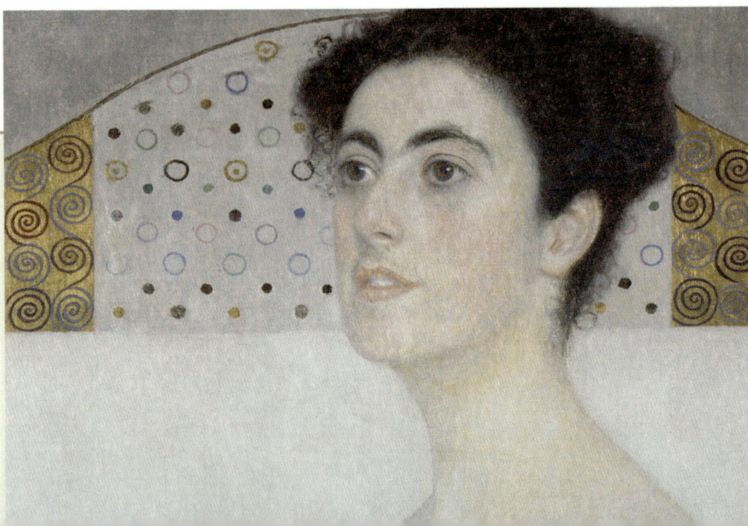

Gustav Klimt: Margarethe Stonborough-Wittgenstein, 1905, Detail

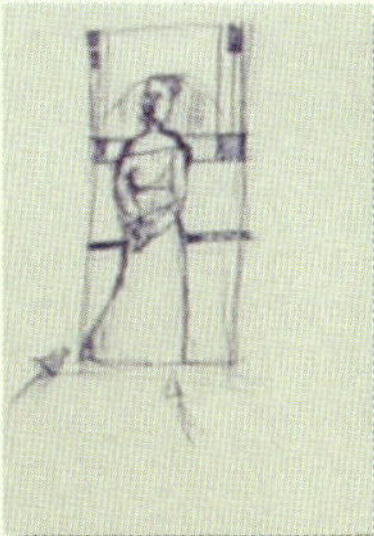
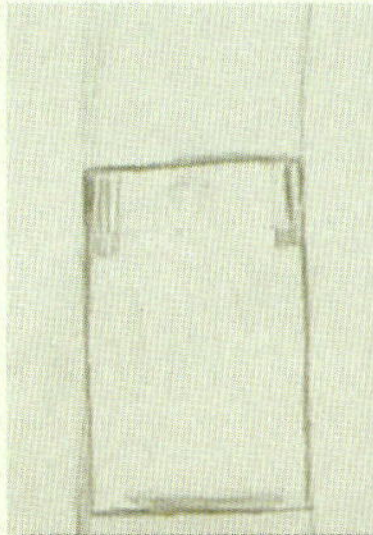
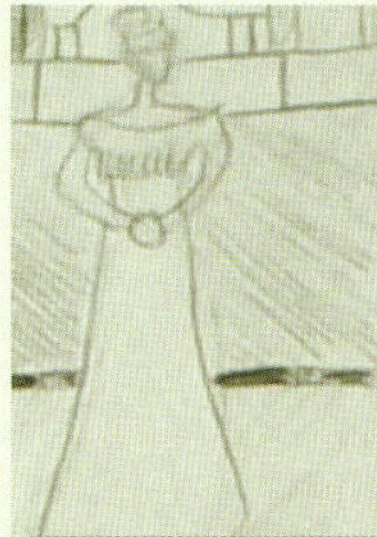
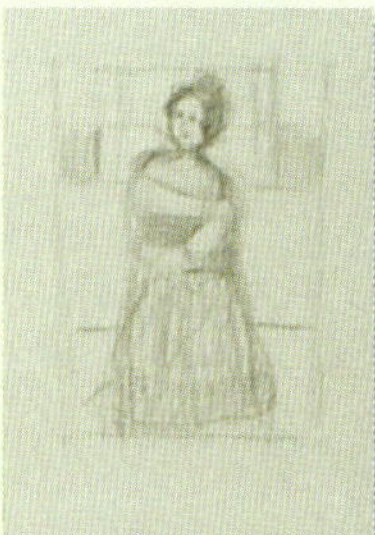
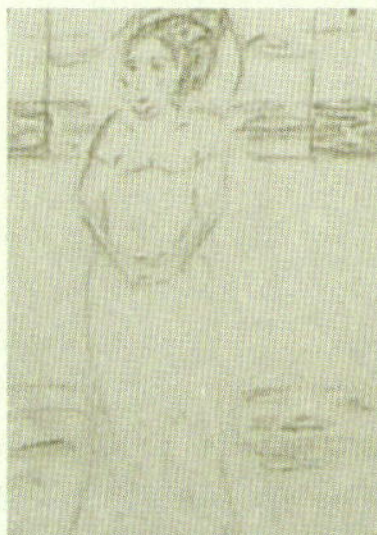
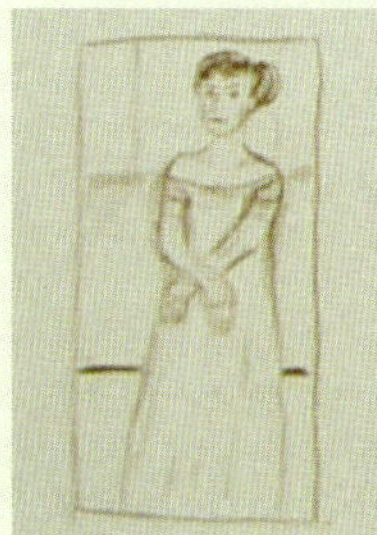
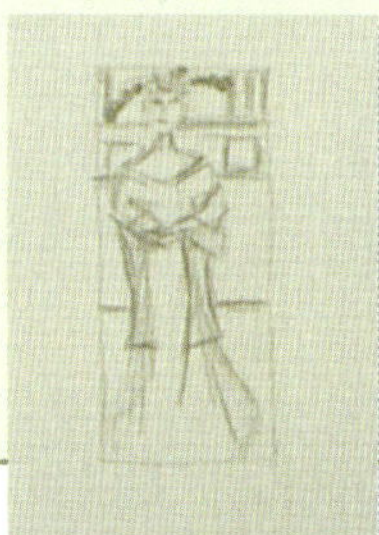
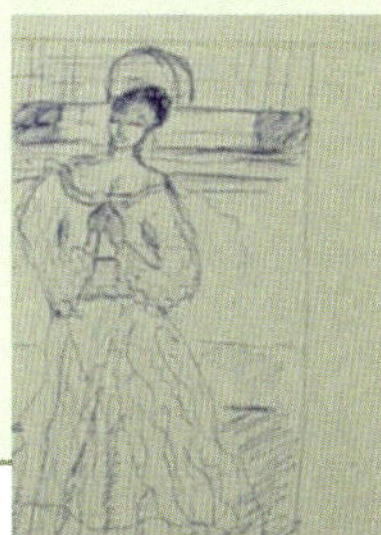

Bilddiktate
von Studierenden
zu Klimts Gemälde

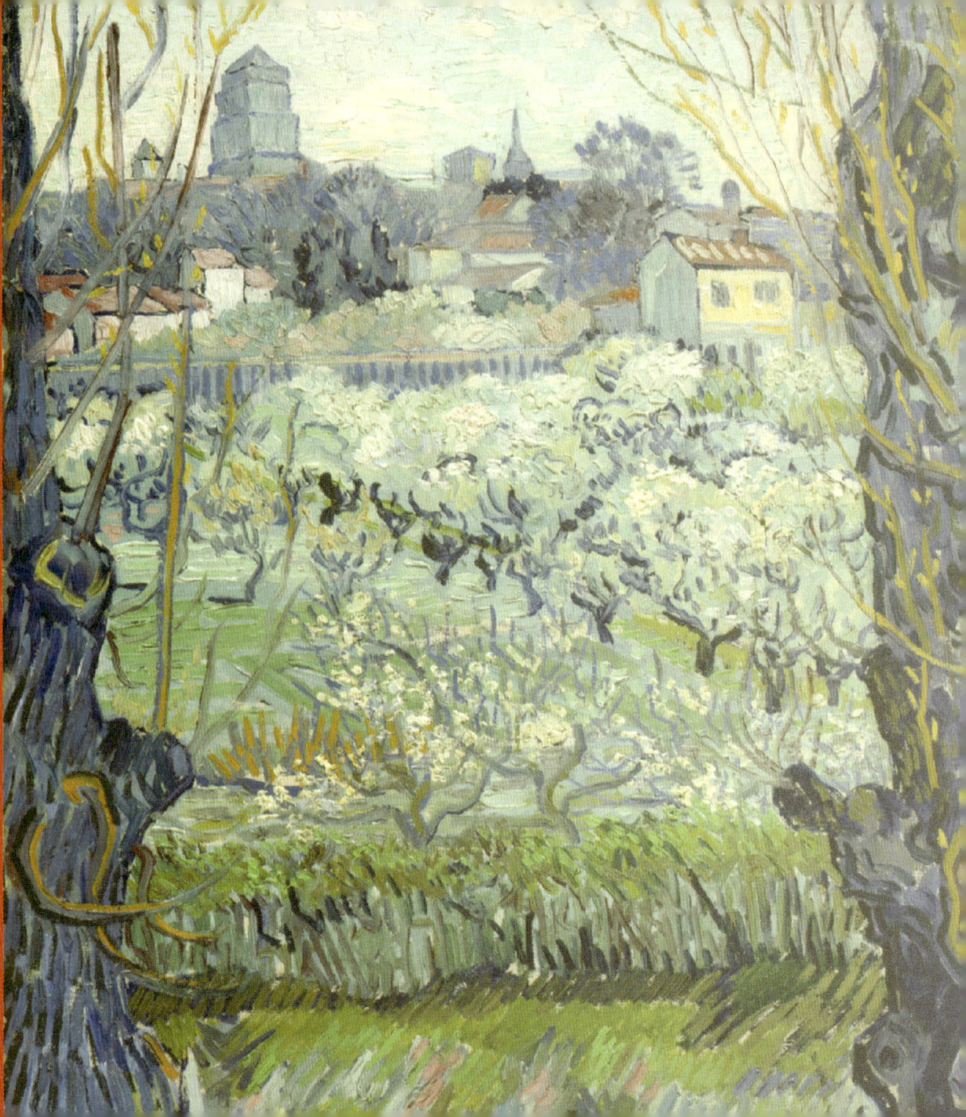

KARTEN-SPIELE

Museumsläden bieten Spielkarten mit den unterschiedlichsten Motiven an: zu Meisterwerken[22], zu berühmten Künstlern, zu populären Epochen und zu beliebten Motiven.[23] Allerdings schmücken die Kunstmotive meist nur standardisierte Kartenspiele.[24]

Spielkarten sind ein anpassungsfähiges und variables Medium. Sie sind handlich und passen in fast jede Tasche. Im Handel erhältliche Kunstspiele nutzen das Kartenformat, um:

- Fragen zu stellen und Antworten zu geben,
- Aufgaben nach dem Zufallsprinzip einzubauen,
- Informationen in kleinsten „Dosen" zu liefern,
- einen Bildfundus bereitzustellen.

Bildkarten sind zwar kleinformatig, dafür als Bilderpool leicht überschau- und kombinierbar, wie zum Beispiel im „Kunstquartett" (S. 57). Fragen und Antworten fügen sich auf Karten leicht zu einem „Kunstquiz" (S. 125) zusammen. Natürlich lassen sich Bild und Information auch auf Spielkarten kombinieren, wie bei unserem Kartenspiel „Die teuersten Gemälde der Welt".

Mit Hilfe von Spielkarten können Museumsbesucher und Schüler abwechslungsreichere Aktivitäten entwickeln als mit gängigen Informations- und Unterrichtsmaterialien. Karten lassen sich mischen und verteilen. Die Spieler können sie erwerben oder abstoßen, um sie so zusammenzustellen, dass es für sie vorteilhaft ist. Dabei konkurrieren individuelle Vorstellungen, überschneiden sich wie im richtigen Leben planmäßiges Handeln und Zufall. Kartenspiele sind für die Kunstvermittlung fruchtbar, wenn die Bilder nicht bloße Dekoration und Informationen nicht beliebiges Material sind. Sie sind gleichermaßen geeignet, in ein Thema einzuführen („Die teuersten Gemälde der Welt") als auch Bilder intensiv vergleichen zu lassen („Kunstquartett").

„Die teuersten Gemälde der Welt"

Museumsbesucher fragen oft: „Was ist dieses Gemälde wert? Wie viel kostet es?" Für kunsthistorische Laien ist der Preis eines Kunstwerks auch Ausdruck seines künstlerischen Wertes und seiner kulturellen Wertschätzung. Der Vermittler/Lehrer kann den Preis eines Gemäldes nur selten genau angeben, kann ihn meist nur grob schätzen, da sich der Kernbestand der Gemälde seit Langem im Besitz der Museen befindet. Auch variieren die Preise stark nach Beliebtheit des Künstlers, Qualität und Größe, Bedeutung und Seltenheit eines Werkes.

Spektakuläre Auktionsergebnisse als Kartenspiel

Die Spitzenergebnisse internationaler Auktionen vermitteln den Teilnehmern Orientierungswerte, welche exorbitant hohen Summen für herausragende Gemälde bezahlt werden. Zahlen und Daten lassen sich über die Homepages der großen Auktionshäuser ermitteln. Mit diesen Angaben können die Schüler ihr eigenes Kartenspiel entwerfen.

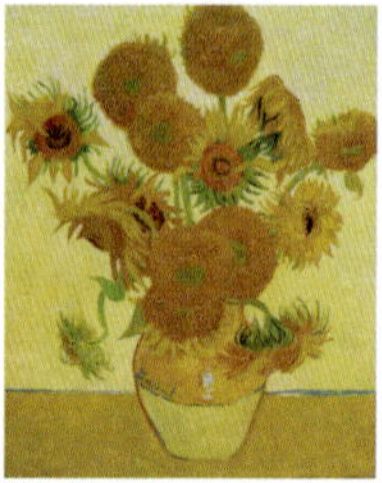

Vincent van Gogh (1853-1890)
Sonnenblumen (1889)

Maße:	92 x 73 cm
Versteigerung:	1987
Auktionshaus:	Christie's London
Preis:	40 Mio. US-Dollar

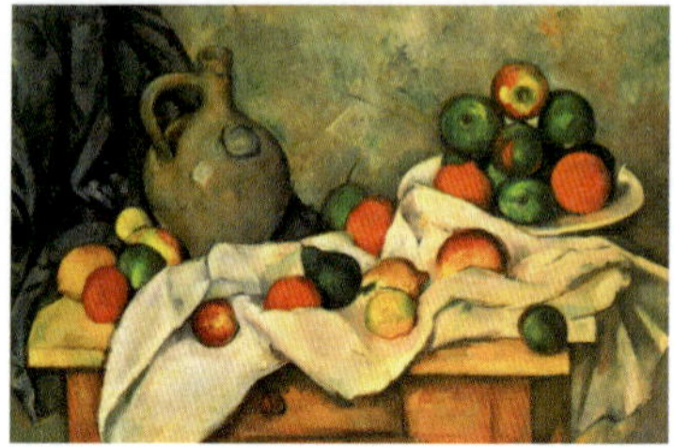

Paul Cézanne (1839-1906)
Stillleben mit Vorhang, Krug und Obstschale (1893/1894)

Maße:	59,5 x 93 cm
Versteigerung:	1999
Auktionshaus:	Sotheby's New York
Preis:	55 Mio. US-Dollar

Beispielsweise wurde in einem Universitätsseminar für den museumspädagogischen Einsatz ein Spiel mit 22 Karten mit Hilfe eines Textverarbeitungsprogramms produziert.[25]
Auf jeder Spielkarte finden sich folgende Angaben:

- → Künstler mit Lebensdaten
- → Titel des Werks und seine Entstehungszeit
- → Maße in Zentimetern
- → Jahr der Versteigerung
- → Auktionshaus
- → Preis

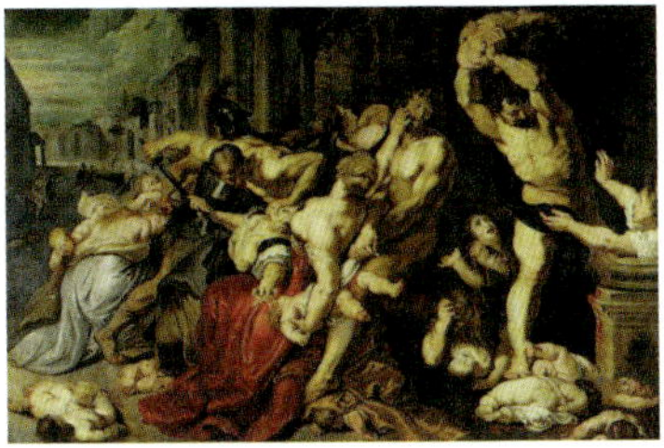

Peter Paul Rubens (1577-1640)
Das Massaker der Unschuldigen (1609-1611)

Maße:	142 x 182 cm
Versteigerung:	2002
Auktionshaus:	Sotheby's London
Preis:	76,7 Mio. US-Dollar

Spielanleitung

Das Kartenspiel „Die teuersten Gemälde der Welt" wird nach denselben Regeln gespielt wie Themenquartette zu Autos, Lokomotiven oder Flugzeugen etc. Die gemischten Karten werden auf zwei bis vier Teilnehmer verteilt. Jeder Spieler nimmt von seinem Stapel die oberste Karte und macht sich mit dem Bild und seinen Daten vertraut.

Ein Spieler beginnt, indem er in der Runde einen Wert abfragt:

- → „Wer hat den höchsten Verkaufserlös?"
- → „Wer hat das Bild mit dem größten Format?"
- → „Wer hat die Karte mit dem ältesten oder dem jüngsten Maler?"
- → „Wer hat die aktuellste Versteigerung?"

Der Spieler mit dem höchsten Wert erhält alle Gemälde der ersten Runde und „stellt“ sie bei sich aus. Am Ende gewinnt der Spieler mit der größten Sammlung. Im Museum können die Spieler Gemälde dieser Künstler im Original kennenlernen.

Variante „Versteigerung“

Vor einer Gruppe/Klasse präsentiert ein „Auktionator“ eine Karte, wobei er den Versteigerungspreis abdeckt, und nimmt Gebote für das Gemälde entgegen. Der Mitspieler, der dem wirklichen Ersteigerungserlös am nächsten kommt, erhält die Karte. Der Bieter mit den meisten Karten gewinnt.

Spielformen:
Für Partner und Gruppen

Spielcharakter:
Informatives Kartenspiel,
stellt die Highlights des internationalen Kunstmarktes der letzten Jahrzehnte vor

Spielmaterial:
Selbst produzierte Spielkarten mit Hilfe von Daten aus dem Internet

Spieldauer:
ca. 20-30 Minuten

Alter:
Ab 7 Jahren

Das Kartenspiel beantwortet die meist unausgesprochene Frage der jungen Museumsbesucher: „Was kostet dieses Bild?“ Wenn sie die versteigerten Bilder mit den Beständen großer Museen vergleichen, können sie erahnen, welche Werte in ihnen aufbewahrt werden.

Produzieren Schüler solch ein Quartett selbst, setzen sie sich intensiv mit dem Thema Kunstpreise auseinander. Sie lernen die großen Auktionshäuser kennen und entwickeln ein Bewusstsein dafür, wie materielle Werte und ideelle Wertschätzung von Kunst sich gegenseitig bedingen.

Kunstquartett

Das Quartett ist – kunstpädagogisch betrachtet – eine Bildersammlung im Miniaturformat. Dieser Sammlung wird nach dem Zufallsprinzip durchgemischt und an die Spieler verteilt. Die Spielregeln des Quartetts sind allgemein bekannt: Die Unordnung der Bildkarten verwandelt sich spielerisch in eine Ordnung. Jeweils vier Karten fügen sich zu einer Gruppe, einem Quartett im Quartett. In handelsüblichen Kartenspielen lässt sich die Zusammengehörigkeit von vier Karten an einem einfachen Code ablesen: Beliebt ist eine Kombination aus Buchstaben und Zahlen (A1, A2, A3, A4) oder einfache Signets oder Symbole. Bei dem Quartett „Hut ab!“ aus der Kunsthalle Karlsruhe sind es beispielsweise verkleinerte Kopfbedeckungen, ein Helm, ein Hut, eine Mütze, die zur Epoche der vier Bildausschnitte auf den Karten passen.[26]

Die Untertitel der Ausschnitte geben Künstlernamen und Bildtitel an und ermöglichen es dem Spieler, das Gemälde im Museum zu finden und als Ganzes zu betrachten.

Verdecktes Spiel

Die Spieler halten ihre Karten in der Hand und versuchen möglichst viele Quartette, von denen sie eine oder mehrere Karten besitzen, zu vervollständigen. Entweder fragt der Spieler, der am Zug ist, einen Mitspieler nach einer bestimmten Karte, oder er zieht eine Karte aus dessen Hand. Vollständige Quartette werden ausgelegt. Wenn ein Spieler das Quartett als Ganzes noch nicht kennt, eine Karte von vieren in der Hand hält, ist er natürlich neugierig, die anderen drei zu sehen.[27] Das Quartett spielt also mit der Neugier und dem Wunsch, Ordnung und Vollständigkeit herzustellen.

Offenes Spiel

Im Unterschied zur üblichen verdeckten Spielweise schlagen wir vor, das Kunstquartett offen zu spielen. Dabei tritt der Wettbewerb, als Einzelner möglichst viele Quartette zusammenzubringen, in den Hintergrund. Ein großer und ein kleiner Bilderpool – der von jedem Quartett nur ein Beispiel enthält – werden ungeordnet ausgelegt und sollen von den Teilnehmergruppen sortiert werden. Damit dies eine Herausforderung ist, sollten die Bilder nicht mit einem Ordnungscode gekennzeichnet sein.

- → Erster Schritt: Jede Gruppe sucht sich aus dem kleinen Bilderpool eine Abbildung.
- → Zweiter Schritt: Die Mitglieder besprechen intern: „Welche drei Bilder passen zur Abbildung? Welches ist das verbindende Kriterium?“
- → Dritter Schritt: Die Gruppen stellen ihre Quartette vor oder klären konkurrierende Ansprüche auf dieselben Bilder.

Spielerisch sehen sich die Teilnehmer die Bildwelt eines Künstlers, einer Kunstschule oder -gruppe oder einer Epoche, einer Gattung oder die Variationen eines Motivs an.

Tipps zur Eigenproduktion

Als Vorlagen eignen sich alle Arten von Reproduktionen: Postkarten, digitale Bilder aus dem Internet, zeichnerische Kopien von Kunstwerken, Grafiken etc.

Abbildungsmaterialien lassen sich mit Bildverarbeitungsprogrammen gut auf ein Format bringen. Je nach Kriterien der Zuordnung können die Bilder auf der Rückseite beschriftet werden (Name des Künstlers, Titel, Datierung, Format, Museum). Richtig Spaß macht das Spiel erst, wenn eine gewisse Menge von Bildern zur Verfügung steht (bei den folgenden Versionen fünf Vierergruppen). Wenn die Abbildungen genauer verglichen werden sollen, sollten sie nicht zu kleinformatig sein (DIN A5 oder besser DIN A4).

Wird das Kunstquartett im Museum vor Originalen gespielt, stellen die Vergleichsbilder aus dem Spiel das Original in kunsthistorische

Zusammenhänge eines Bildthemas, einer Werkgruppe, einer Entwicklungsphase oder eines Stils.

Spielformen: Für Partner und Gruppen

Spielcharakter:
Zuordnungsspiel im Kartenformat, fördert den genauen Bildvergleich, stellt das einzelne Werk in einen größeren Zusammenhang

Spielmaterial:
Kunstquartette aus dem Handel, Reproduktionen, selbst produzierte Quartette

Spieldauer: ca. 15-20 Minuten

Alter: Ab 8 Jahren

1

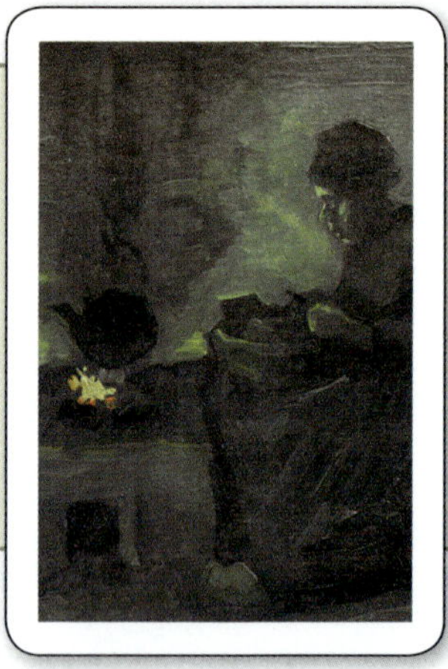

2

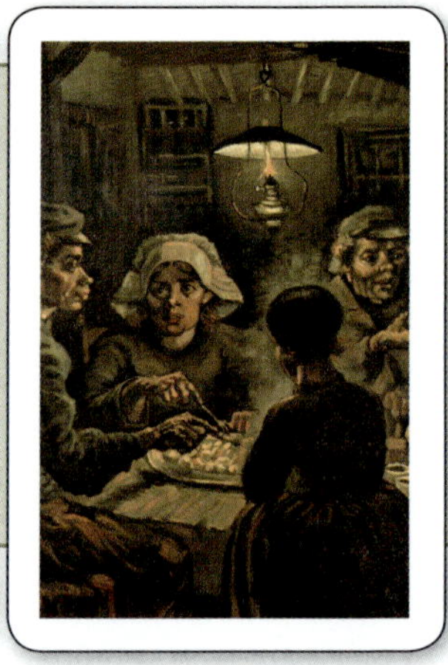

Bilder von Webern und Bauern

1 Vincent van Gogh:
Bäuerin, am Herdfeuer sitzend, 1885, Musée d'Orsay, Paris (Ausschnitt)

2 Vincent van Gogh:
Die Kartoffelesser, 1885, Van Gogh Museum, Amsterdam (Ausschnitt)

Beispiele aus dem Museum: Quartett „Vincent van Gogh“

Die Neue Pinakothek in München zählt vier Gemälde von Vincent van Gogh zu ihren prominentesten Werken: „Der Weber“ (1884), „Sonnenblumen“ (1888), „Blick auf Arles“ (1889), „Die Ebene bei Auvers (1890).

Um den Teilnehmern an Gesprächsführungen einen erweiterten Einblick in die Bildwelten van Goghs zu geben, wurde im Rahmen eines Universitätsseminars um die vier Gemälde herum ein Quartett entwickelt. Dies gelingt bei van Gogh ohne Mühe, da er sich mit seinen Lieblingsmotiven oft in kleinen Serien beschäftigte:

- → Bilder von Webern und Bauern
- → Blumenstillleben
- → Blühende Obstgärten um Arles
- → Felder in der Ebene um Auvers

3

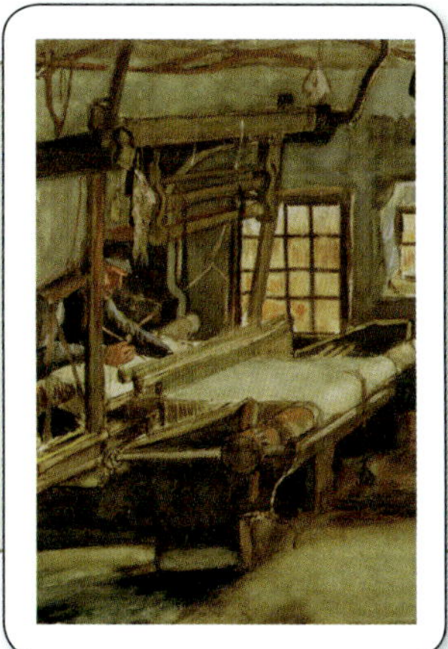

4

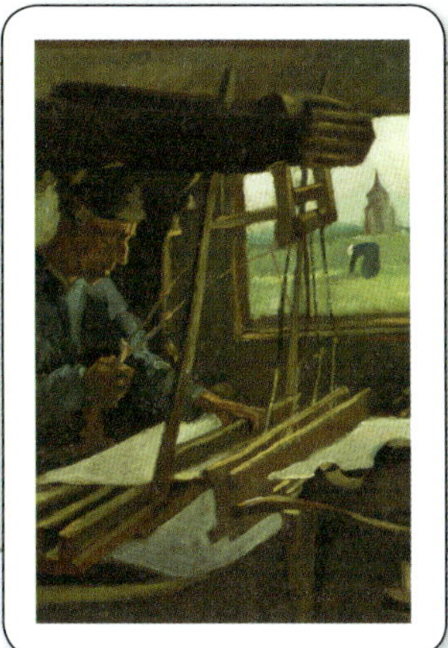

3 Vincent van Gogh: Weber am Webstuhl, 1884, Rijksmuseum Kröller-Müller, Otterlo (Ausschnitt)

4 Vincent van Gogh: Der Weber, 1884, Bayerische Staatsgemäldesammlungen – Neue Pinakothek, München (Ausschnitt)

Blühende Obstgärten um Arles

1 Vincent van Gogh: Blick auf Arles, 1889, Bayerische Staatsgemäldesammlungen – Neue Pinakothek, München (Ausschnitt)

2 Vincent van Gogh: Blühender Obstgarten, 1888, Van Gogh Museum, Amsterdam (Ausschnitt)

3 Vincent van Gogh: Blick auf Arles mit Iris im Vordergrund, 1888, Van Gogh Museum, Amsterdam (Ausschnitt)

4 Vincent van Gogh: Blühender Pfirsichbaum, 1888, Amsterdam, Rijksmuseum Kröller-Müller (Ausschnitt)

1

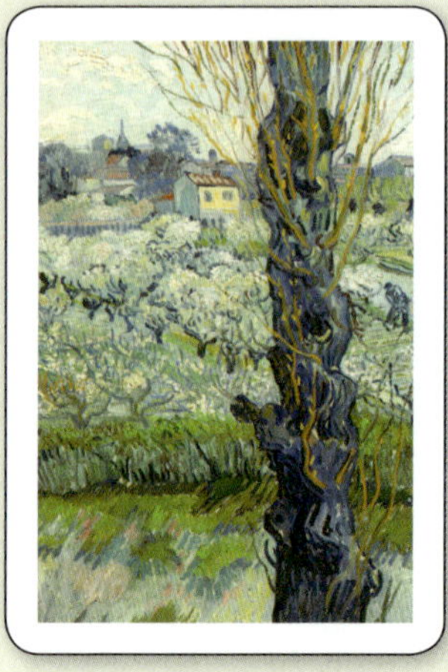

2

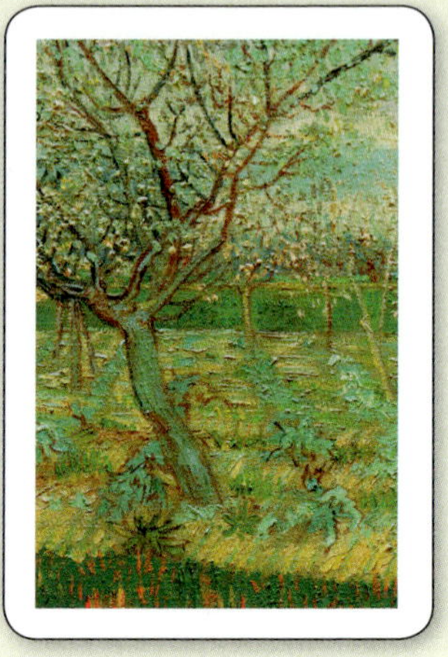

3

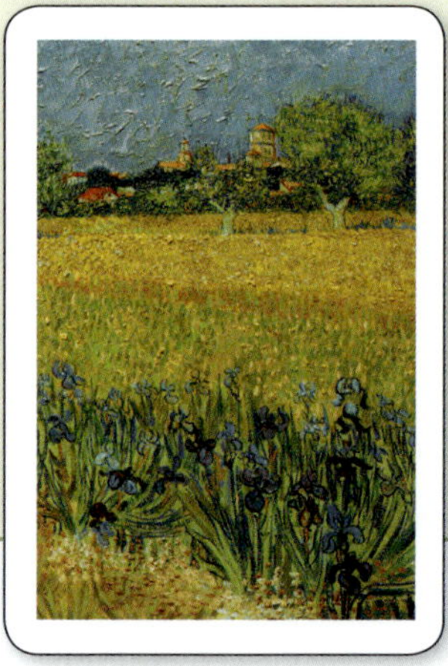

4

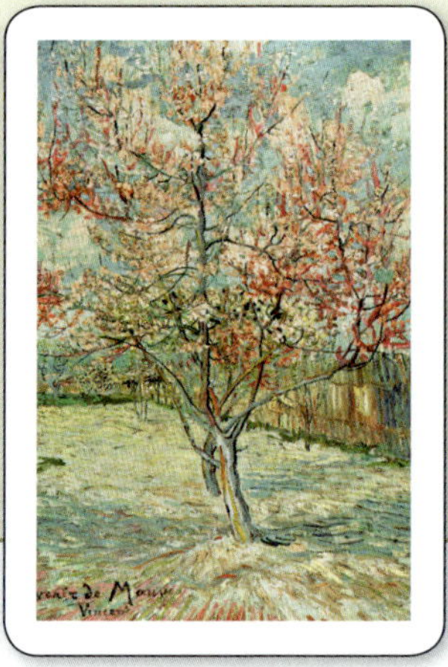

1

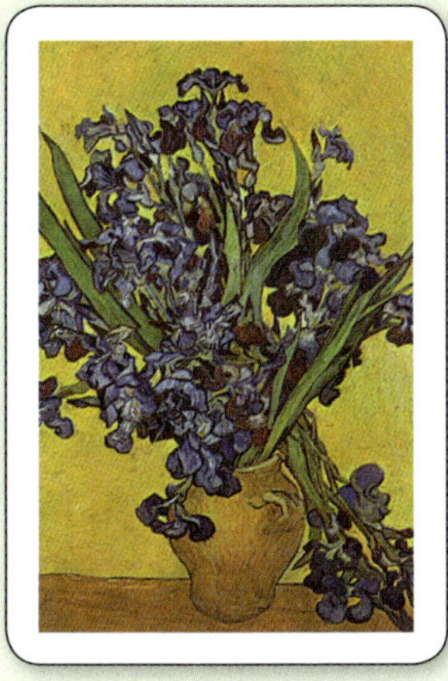

2

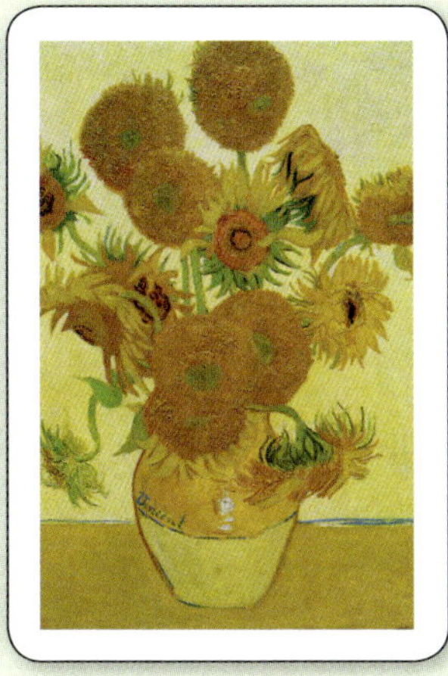

3

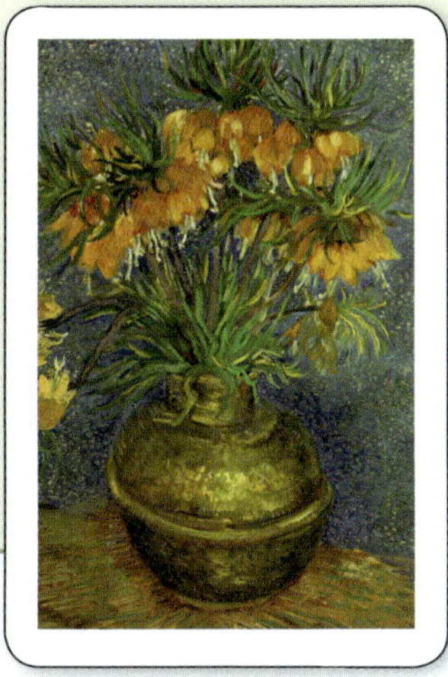

4

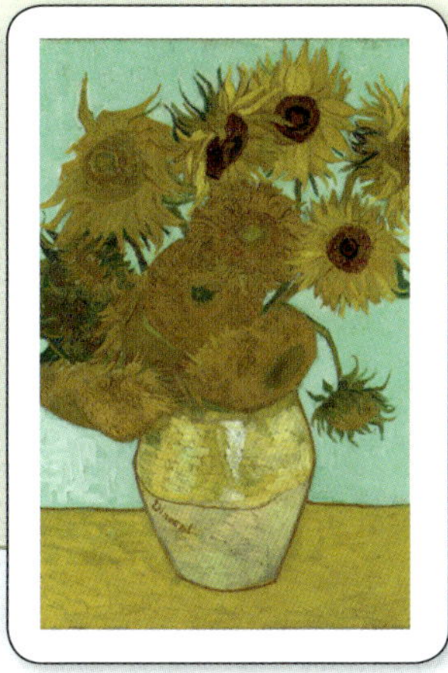

**Blumen-
stillleben**

1 Vincent van Gogh: Stillleben mit Schwertlilien, 1890, Van Gogh Museum, Amsterdam (Ausschnitt)

2 Vincent van Gogh: Sonnenblumen, 1888, National Gallery, London (Ausschnitt)

3 Vincent van Gogh: Kaiserkronen in einer Kupfervase, 1887, Musée d'Orsay, Paris (Ausschnitt)

4 Vincent van Gogh: Sonnenblumen, 1888, Bayerische Staatsgemäldesammlungen – Neue Pinakothek, München (Ausschnitt)

Felder in der Ebene um Auvers

1 Vincent van Gogh: Ebene bei Auvers, um 1890, Kunsthistorisches Museum, Wien (Ausschnitt)

2 Vincent van Gogh: Feld unter Sturmhimmel, 1890, Van Gogh Museum, Amsterdam (Ausschnitt)

3 Vincent van Gogh: Ebene bei Auvers, 1890, Bayerische Staatsgemäldesammlungen – Neue Pinakothek, München (Ausschnitt)

4 Vincent van Gogh: Getreidefeld mit Raben, 1890, Stedelijk Museum, Amsterdam (Ausschnitt)

1

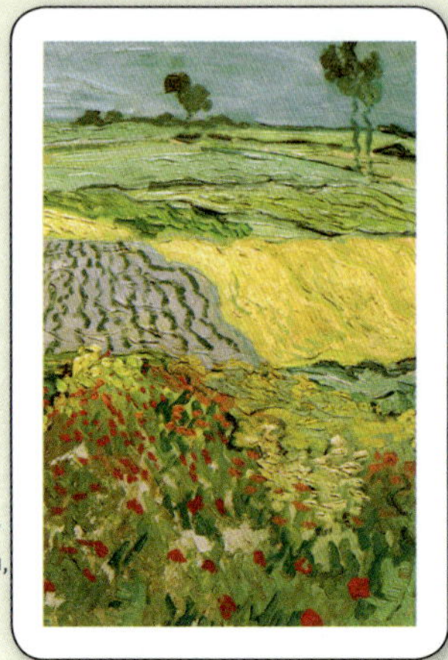

2

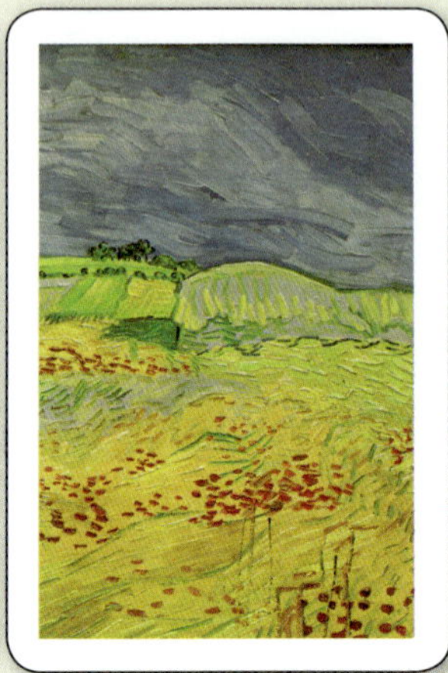

3

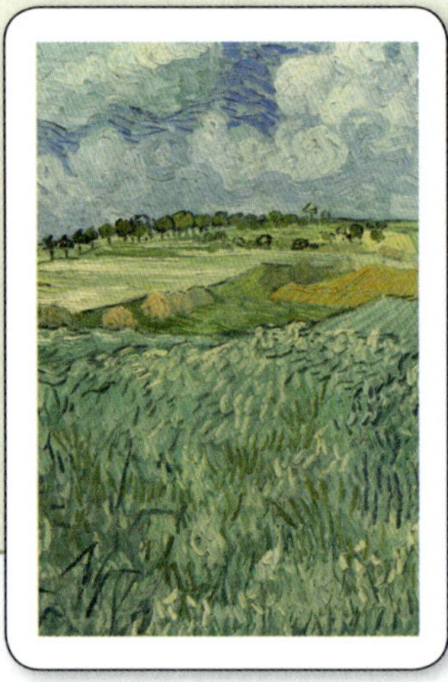

4

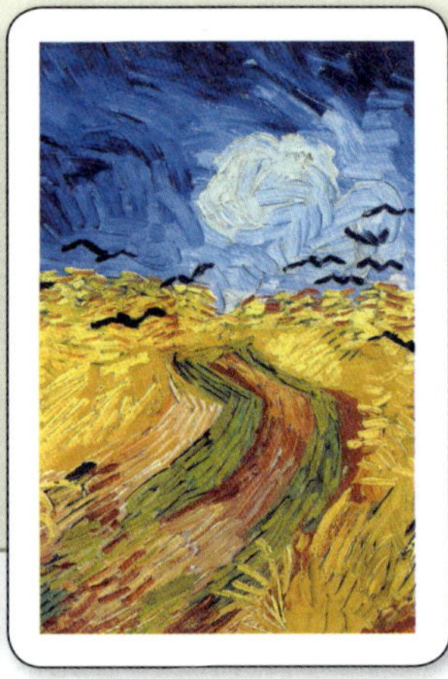

1

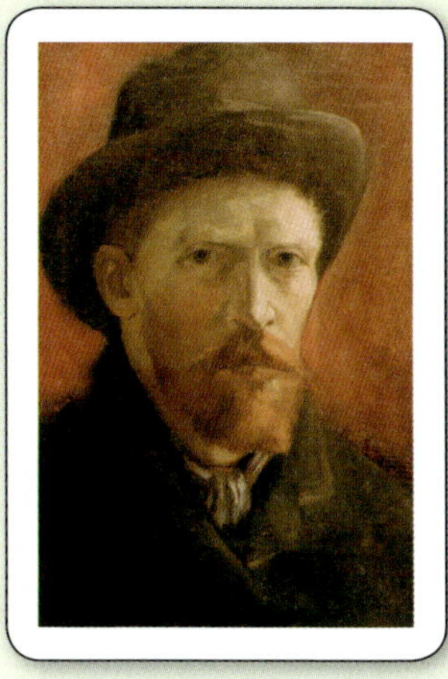

2

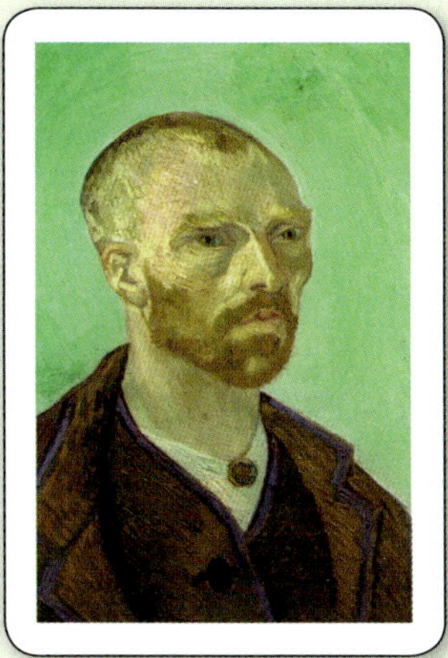

3

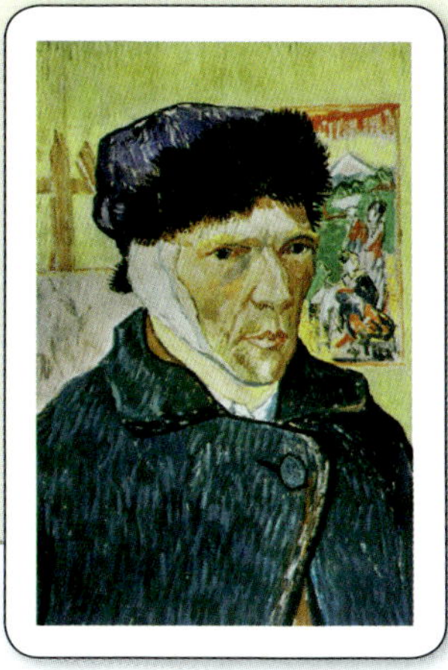

4

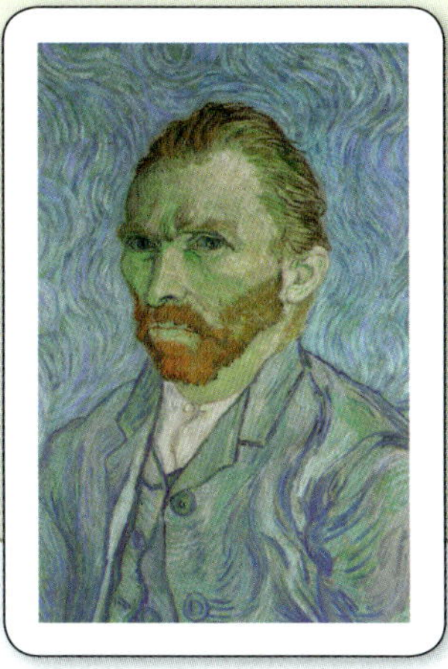

Selbstbildnisse

1 Vincent van Gogh: Selbstbildnis mit dunklem Filzhut, 1888, Amsterdam, Rijksmuseum Vincent van Gogh (Ausschnitt)

2 Vincent van Gogh: Selbstbildnis, 1888, Harvard Art Museums / Fogg Museum, Cambridge (Mass.) (Ausschnitt)

3 Vincent van Gogh: Selbstbildnis mit verbundenem Ohr, 1889, Courtauld Institute Galleries, London (Ausschnitt)

4 Vincent van Gogh: Selbstbildnis, 1889, Musée d'Orsay, Paris (Ausschnitt)

Die vier Motivgruppen werden durch einen Satz Selbstbildnisse aus den entsprechenden Lebensstationen ergänzt. Die Spieler können die Bildnisse mit Hilfe der Farbigkeit und der Pinselführung den vier Motivgruppen zuordnen:

- → Das „Selbstbildnis mit dunklem Filzhut“ von 1886 den erdig-dunklen Bildern von Webern und Bauern.
- → Das „Selbstbildnis“ von 1888 den Blumenstillleben mit ihren einheitlich glatten Hintergrundflächen.
- → Das „Selbstbildnis mit verbundenem Ohr“ aus dem Jahr 1889 mit seinen pastos-rauen Pinselstrukturen den blühenden Obstgärten um Arles.
- → Das „Selbstbildnis“ von 1989 (Paris) mit seinen nervös rotierenden Strichmustern den Feldern um Auvers.

Spielverlauf

Der Vermittler/Lehrer legt die Reproduktionen am Boden vor den Originalen aus und fordert die Teilnehmer auf, die Bilder „einfach“ zu ordnen. Kinder und Jugendliche nehmen einzelne Bilder in die Hand, um sie aus der Nähe zu betrachten, und schieben sie probeweise zusammen. Die Vierergruppe der dunkelfarbigen Weber und Bauern findet schnell zusammen. Durch ihre Ähnlichkeit bereiten die Obstgärten und Felder um Auvers den Teilnehmern dagegen am ehesten Schwierigkeiten beim Trennen. Das ist als kleine Steigerung beabsichtigt.

Ganz genau müssen die Teilnehmer vergleichen, wenn sie in der letzten Spielphase die Bildnisse anhand der Farbigkeit und Pinselführung den vier Motivgruppen zuordnen. Für Gruppenführungen im Museum eignen sich Reproduktionen im Format DIN A5. In der Schule bietet sich das Spielkartenformat an. So kann jeder Schüler ein Quartett mit nach Hause nehmen und es mit Eltern und Freunden spielen.

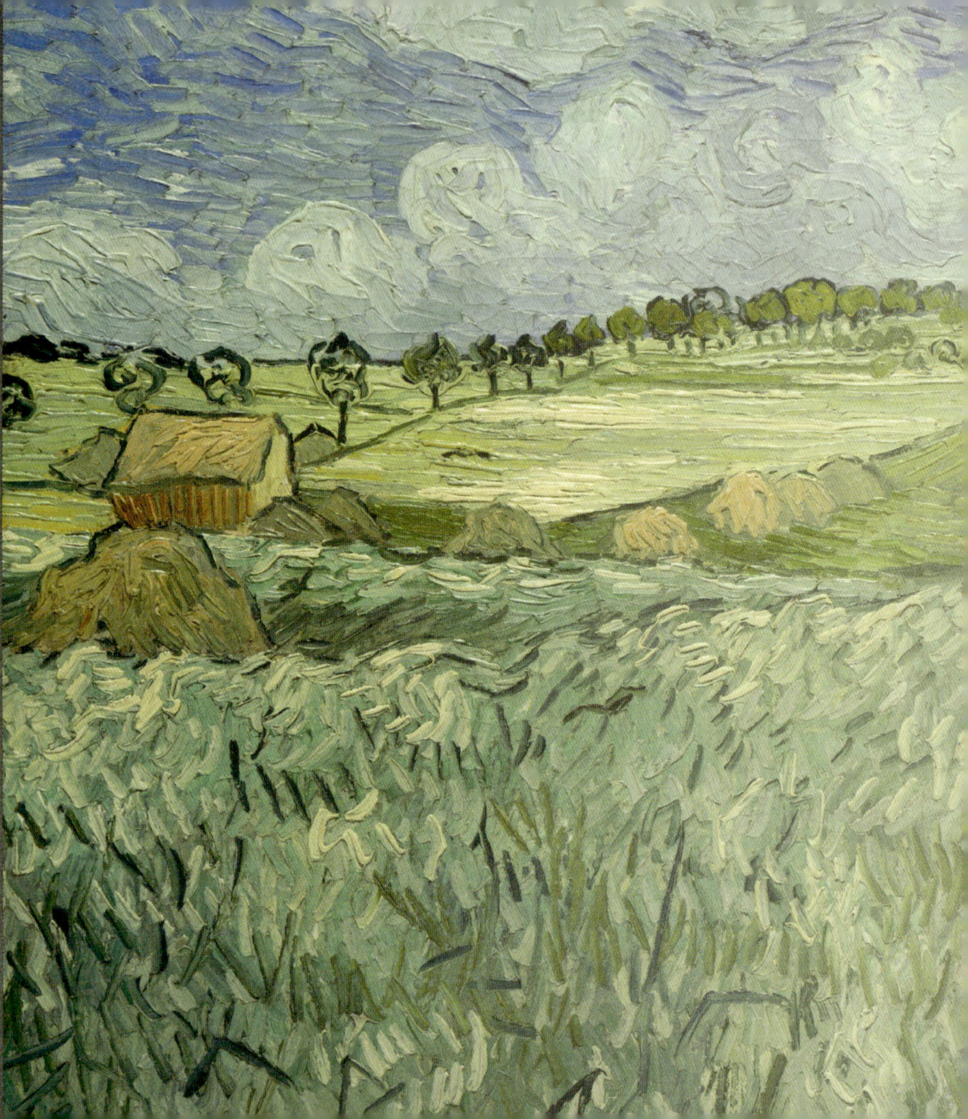

VISUELLE KOMBINATORIK UND BILDGEDÄCHTNIS

Die in diesem Kapitel vorgestellten Spiele sind allgemein bekannt und beliebt: Puzzle, Memory und Bilderdomino. Verlage bieten diese Spiele mit Motiven für Vorschulkinder, für Jugendliche und auch für Erwachsene an. Dass sie in Schule und Museum kaum zur Vermittlung eingesetzt werden, liegt daran, dass man längere Zeit braucht, um sie zu spielen, und sie fast nur für Kleingruppen geeignet sind. Allerdings wurden in den letzten Jahren zunehmend Puzzles und Memorys von Museen und museumspädagogischen Einrichtungen, die die kunstpädagogischen Potenziale dieser Spiele erkannt haben, herausgegeben.

Eine besondere Stärke von Puzzle, Memory und Bilderdomino liegt darin, dass sie Kunstwerke ohne Sprache und ohne Wissensbarrieren vermitteln. Spielerisch leicht stellen sie eine Auswahl von Bildern vor (Museumsmemory), lenken den Blick auf Details (Puzzle) oder regen den Bildvergleich an (Bilderdomino). Sie fordern und fördern zugleich das Bildgedächtnis. Spieler können nur gewinnen, wenn sie sich die Bilder in ihrer Vorstellung zu eigen machen und das ganze Bild mit seinen Teilaspekten in Beziehung setzen können.

Kunstpuzzle

Das Puzzle wurde 1763 von dem englischen Kupferstecher John Spilsbury als „Lehrmittel zur Erleichterung des Erdkundeunterrichts“ erfunden.[28] Er klebte einen Landkartendruck auf ein dünnes Mahagonibrett und zersägte es entlang der Ländergrenzen. Beim Puzzeln rekonstruiert der Spieler ein Bild, indem er ein verwirrendes Durcheinander von Bildpartikeln zu einem sinnvollen Ganzen zusammensetzt – eine detektivische und semikreative Herausforderung. Um sich die Aufgabe zu erleichtern, hält er sich das vollständige Bild vor Augen. Er verschafft sich einen Gesamteindruck und überprüft, welche Teile nach Form, Farbe und Motiv zueinanderpassen könnten.

Kinder, Jugendliche und Erwachsene begeistern sich gleichermaßen für Puzzles. Verlage bieten sie mit allen erdenklichen Motiven und in verschiedenen Größen von wenigen Teilen für Vorschulkinder bis zu 12 000 Teilen für passionierte Puzzler an. Puzzles werden heute aus Karton gestanzt. Jedes Teil ist unterschiedlich geformt. Die Formen verzahnen sich beim Zusammenlegen („Interlocking-Puzzle“), sodass sie nicht verrutschen.

Puzzeln ist entspannend und unterhaltsam, steigert Geduld und Konzentrationsvermögen. Dabei ist den Spielern meist nicht bewusst, welch hohe Anforderungen das Spiel an ihr visuelles Kombinationsvermögen stellt. Sie lernen die Vorlage gleichsam „auswendig“, um in sinnlosen Bildpartikeln Teilaspekte des Ganzen zu erkennen. Systematiker sortieren die Teile zuerst nach Farben und Motiven. Viele Teile werden

„halbbewusst" erkannt. Der Spieler konzentriert sich auf eine Lücke und greift zielsicher nach dem passenden Teil. Durch das lange, immer neue Betrachten der Vorlage prägt sich diese detailreich ins visuelle Gedächtnis ein.

Kunstpuzzles von Verlagen

Puzzles nach Kunstwerken gehörten zu den ersten im Handel erhältlichen Kunstspielen. Die Verlage wählen besonders populäre Gemälde – „Ikonen" der Kunstgeschichte – aus, wie Leonardos „Mona Lisa", Vincent van Goghs „Sonnenblumen" oder Albrecht Altdorfers „Alexanderschlacht"[29]. Große Museen lassen ihre Meisterwerke als Puzzle für den Museumsshop produzieren, manchmal durchaus mit einem museumspädagogischen Anliegen. So liegt dem Puzzle „Niederländische Sprichwörter" von Pieter Bruegel d. Ä. aus der Gemäldegalerie Berlin ein Blatt mit Schemazeichnung bei, auf dem die Sprichwörter lokalisiert und kurz erklärt werden.[30] Spiel, intensive Bildbetrachtung und kunstgeschichtliche Information gehen so eine unterhaltsame Symbiose ein.

Aufgrund der hohen Zahl an Teilen (1000 - 3000) eignen sich Kunstpuzzles von Verlagen kaum für den museumspädagogischen oder schulischen Einsatz. Dafür braucht man Puzzles mit einer begrenzten Zahl handlicher Teile, die sich in 10 bis 20 Minuten zusammenfügen lassen.

Puzzles handmade

Hat der Produzent – Vermittler, Lehrer, Schüler – nicht den Anspruch, dass sich die Teile ineinander verzahnen müssen, so kann er Puzzles leicht selbst herstellen. Die einfachste Variante: Er teilt eine Bildvorlage mit Schneidemesser und Lineal in gleich große Quadrate oder Rechtecke. Je kleiner die Formen gewählt werden, desto schwieriger wird die Aufgabe. Er kann die Vorlage auch frei Hand mit der Schere in gleichmäßige oder ungleichmäßige Stücke zerschneiden. Die Schnitte können den Konturen der Motive folgen oder diese willkürlich durchtrennen. So lässt sich der Schwierigkeitsgrad den Altersgruppen anpassen und die Bildvorlage so aufspalten, dass der Vermittler/Lehrer anschließend Teil für Teil besprechen kann.

Für Gruppen eignen sich großformatige Vorlagen wie Ausstellungsplakate: So kann man ein Plakat mit Murillos „Trauben- und Melonenesser" (Abb. S. 40) in Segmente zerschneiden – kleine Teile mit gegenständlichen Motiven, große Teile mit dem dunklen Hintergrund. Im Museum, vor dem Original, erhält jedes Kind ein Segment. Ein Kind beginnt: Es erklärt, wo sein Teil im Bild vorkommt, und legt es am Boden aus. Die anderen Kinder beobachten, ob ihr Teil an das ausgelegte Teil passt. So fügt ein Kind nach dem anderen sein Teil an, bis das Puzzle vollständig zusammengesetzt ist.

Spielformen:
Für Einzelpersonen, Partner und Gruppen

Spielcharakter:
Kombinations- und Geduldsspiel, fördert das intensive Betrachten eines Bildes bis ins kleinste Detail

Spielmaterial:
Ausdrucke, Postkarten, Abbildungen aus Mappen und Zeitschriften, Plakate

Spieldauer: Puzzle mit 20-40 Teilen ca. 10-20 Minuten

Alter: Ab 6 Jahren

Beispiel aus dem Museum

Als erschwerte Variante werden zwei Bilder in gleich große Rechtecke zerschnitten und durchmischt.

→ Erster Schritt: Die Spieler sortieren die Teile nach Bildern, ohne die Vorlage zu kennen.
→ Zweiter Schritt: Die Spieler versuchen die Bilder zusammenzusetzen. Gelingt dies nicht, müssen sie die Sortierung nach Bildern nochmals überdenken. Die Aufgabe ist besonders reizvoll, wenn die Bilder gewisse Ähnlichkeiten aufweisen.

Als Beispiel greifen wir auf zwei Gemälde von Vincent van Gogh aus dem Kunstquartett zurück: „Der Blick auf Arles“ und „Die Ebene bei Auvers“ (S. 75). Beide ähneln sich im Format und im Grundton Türkis.

Auf beiden Bildern wirken bestimmte Partien in den unteren Bereichen isoliert wie abstrakte Bilder im Bild. Wenn sie sie zusammenfügen, können sich die Spieler nicht an Gegenständen, sondern nur an Farbübergängen, Malduktus und Strukturen orientieren. So wird das visuelle Gedächtnis angeregt, neben dem Reservoir für gegenständliche Motive ein weiteres für abstrakte Strukturen anzulegen.

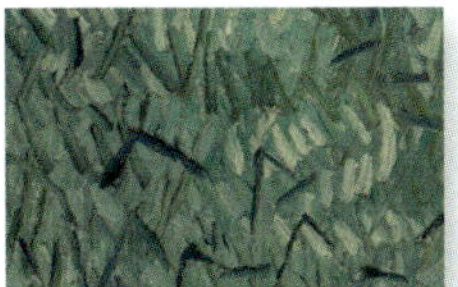

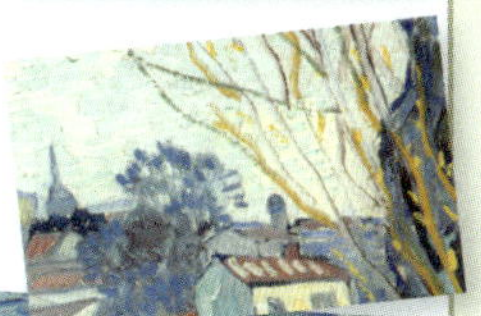

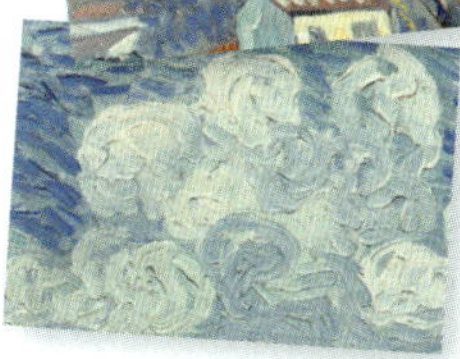

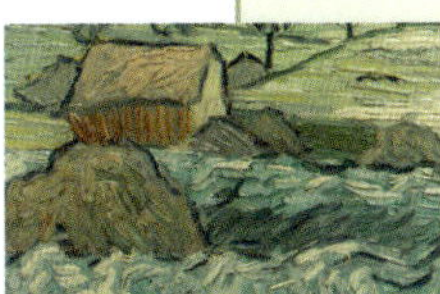

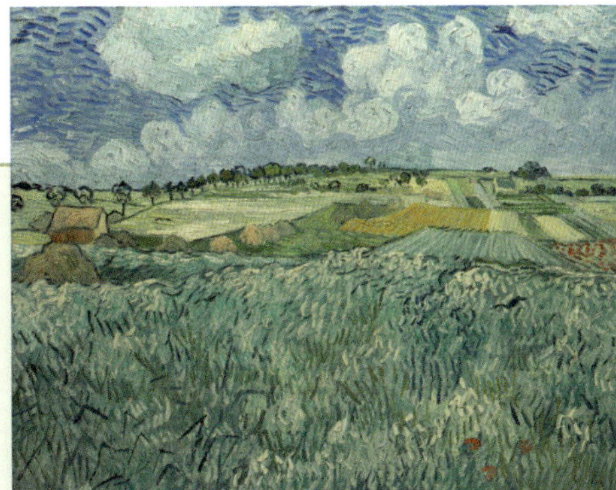

Vincent van Gogh: Ebene bei Auvers, 1890, Bayerische Staatsgemäldesammlungen – Neue Pinakothek, München

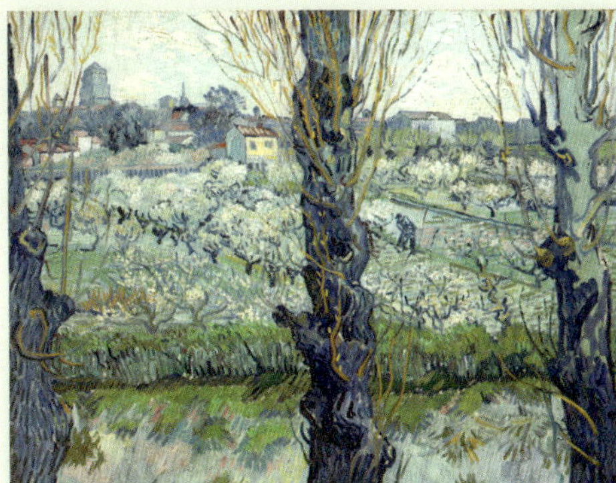

Vincent van Gogh: Blick auf Arles, 1889, Bayerische Staatsgemäldesammlungen – Neue Pinakothek, München

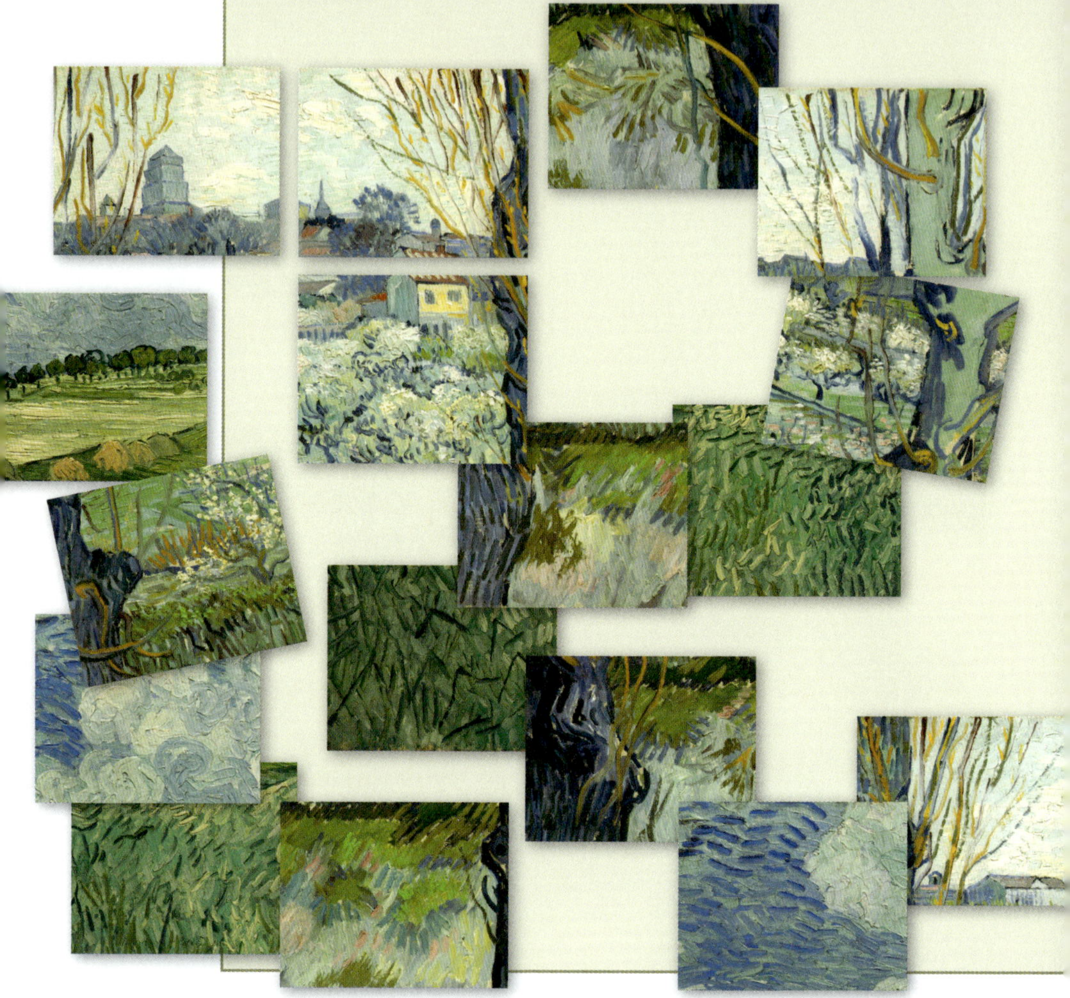

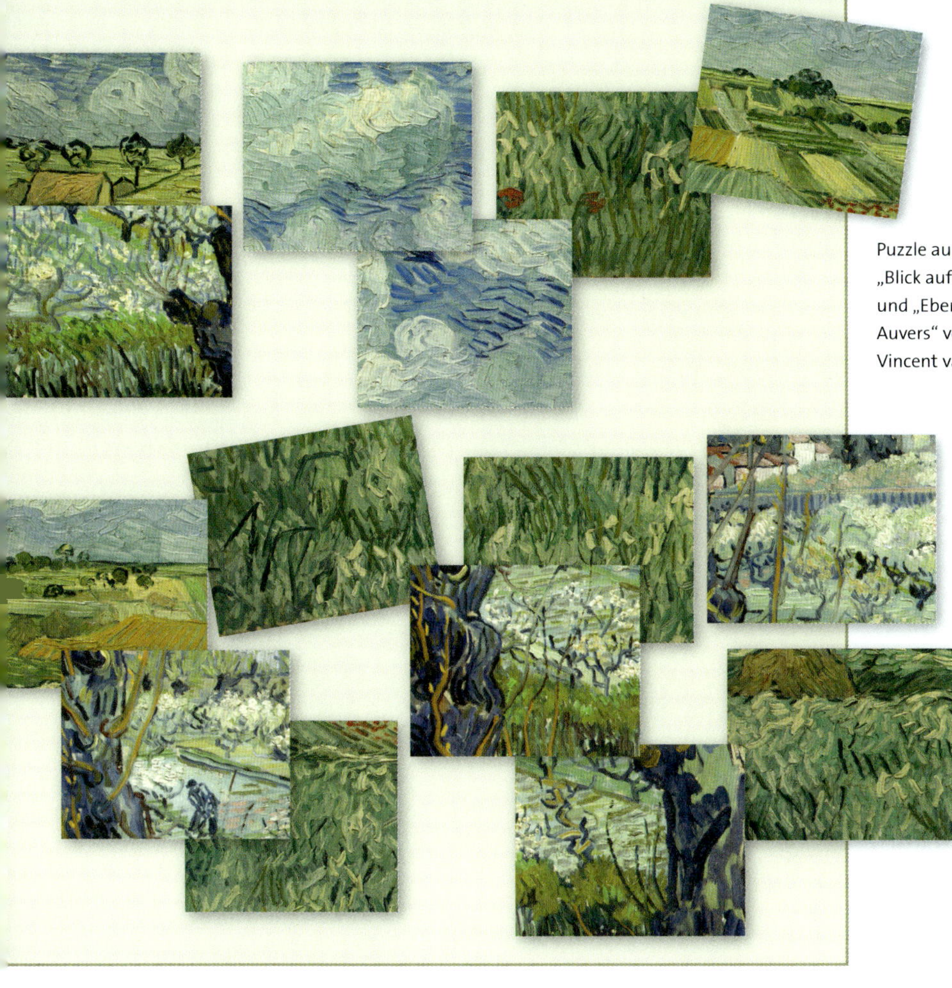

Puzzle aus „Blick auf Arles“ und „Ebene von Auvers“ von Vincent van Gogh

Memory

Memory ist – wie der Name sagt – ein Gedächtnisspiel. Die Spieler versuchen sich Bilder und ihre Lage in einem Feld umgedrehter Karten zu merken. Memory ist bei Kindern sehr beliebt, weil sie oft schon im Vorschulalter mit Erwachsenen mithalten oder sie schlagen können.

Ein junger Spielklassiker

Im Jahre 1946 fertigte der Schweizer Heinrich Hurter den Prototyp als Unikat für die Kinder seines Sohnes William an. Später verkaufte er die Spielidee an den Ravensburger Verlag, der im Februar 1959 das erste „Memory" auf dem Markt brachte.[31] Ganz neu war die Spielidee allerdings nicht. Als „Concentration" (Konzentration) spielte man es mit zwei Sätzen Spielkarten bereits im 19. Jahrhundert in England und Amerika.

Die Bildauswahl der ersten Memorys von 1959 war ganz auf die Welt der Kinder abgestellt. Einfache Gegenstände des Alltags, Spielzeug und beliebte Kinderbuchfiguren wurden vor neutralem Grund abgebildet, sodass sie leicht zu erkennen sind und sich auf den ersten Blick einprägen. Als geschütztes Markenzeichen legt der Ravensburger Verlag seit Jahrzehnten Memorys mit immer neuen Motiven auf: Tiere, Disneyfiguren, Dinosaurier, Länder.

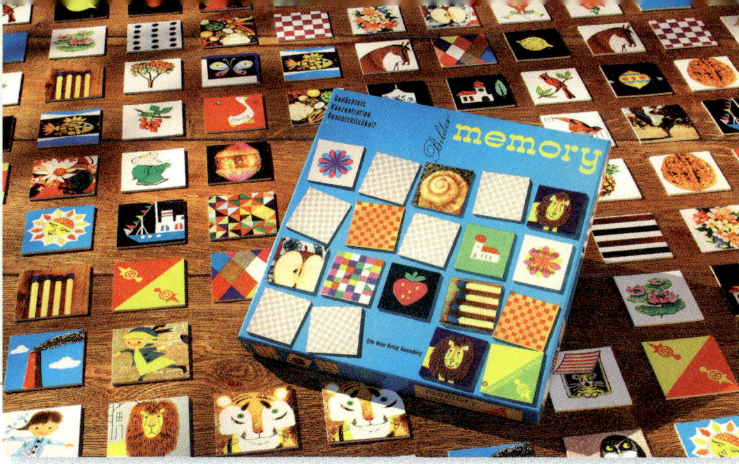

Ravensburger Memory mit den Kärtchen der ersten Auflage von 1959, Karton aus dem Jahr 1960

Kinderleicht

Die Spielregeln sind denkbar einfach. Kartenpaare werden gemischt und mit der Rückseite nach oben ausgelegt. Reihum darf jeder Spieler zwei Karten umdrehen. Wer zwei gleiche Karten aufdeckt, darf sie behalten. Der Spieler, der die meisten Kartenpaare gesammelt hat, ist Sieger. Bei 50 Kartenpaaren ist es nicht leicht, sich die Lage der Bilder zu merken. Deshalb lieferte der Verlag anfänglich Streifen mit Zahlen und Buchstaben mit, die an der Quer- und Längsseite der in einem quadratischen Feld ausgelegten Karten platziert wurden. So konnten sich die Spieler die Lage von Bildern mit Hilfe von Koordinaten merken („Der Ball liegt auf C4"). Erwachsenen hilft das Koordinatensystem mehr als Kindern. Die merken sich die Plätze der Bilder genauso gut, wenn die Karten nicht im rechteckigen Raster, sondern kunterbunt verstreut ausgelegt sind.

Im Kindergarten wird Memory auch mit offenen Karten gespielt: „Ein Spielleiter ruft ein Bild aus. Alle versuchen, das zweite, zugehörige Bild rasch zu finden. Wer es entdeckt, ruft sofort, zeigt das betreffende Bild und bekommt dann das Bildpaar.“[32] Das hört sich einfacher an, als es ist. Je besser ein Kind die Verteilung der Bilder „im Kopf“ hat, desto schneller kann es den Zwilling des aufgerufenen Bildes lokalisieren.

Kunstmemorys

Mit der Konjunktur der Museumsshops ist eine Vielzahl von Memorys mit Kunstmotiven erschienen. Als Mitbringsel beliebt, stellen sie Hauptwerke eines Museums in Ausschnitten vor. Werden die Bilder in einem Beiheft erläutert, stellt das Spiel quasi einen Auswahlkatalog in Spielform dar, wie zum Beispiel das „Museums-Memo“ der Österreichischen Galerie in Wien.[33] Auch werden „Gedächtnisspiele“ zu populären kunstgeschichtlichen Epochen und Künstlern wie dem Impressionismus und Claude Monet angeboten.[34]

Mit einem Memory lässt sich spielerisch ein kunstgeschichtlicher Bildfundus vermitteln. Beim ersten Spiel lernen die Kinder oder Jugendlichen die Werke kennen und unterscheiden. Mit jeder Wiederholung prägen sie sie sich besser ein. So erweitert das Memory den Vorrat der „Bilder im Kopf“ und stimuliert das Bildgedächtnis.

Reizvoll ist es auch, Memorys selbst herzustellen.[35] Die Digitalisierung der Kunstgeschichte und die Bildangebote der Museen im Internet eröffnen dabei vielfältige Möglichkeiten:

- → Bildrecherche und Zusammenstellung
  Mit Hilfe des Internets und Scanners können sich die Kinder oder Jugendlichen zu (selbst gewählten) Themen das Bildmaterial für ein Memory zusammenstellen.
- → Das kleine quadratische Format der Spielkarten legt es nahe, Ausschnitte zu bilden oder Bilder zu wählen, die in der Verkleinerung noch wirken.
- → Bei den Paaren müssen die Bilder nicht zwangsläufig identisch sein. Paare lassen sich auf vielfältige Weise bilden: Gesamtbild und Ausschnitt, Bild und Text, Gemälde und Zeichnung, Vorbild und Nachfolger etc.

Spielformen:
Für Partner und Kleingruppen

Spielcharakter:
Fördert das Bildgedächtnis und die Konzentration unter Wettbewerbsbedingungen

Spielmaterial:
Memorys aus dem Buchhandel, selbst hergestellte Gedächtnisspiele

Spieldauer:
Unter 25 Paaren 15-20 Minuten, bei 40-50 Paaren 30 Minuten und mehr

Alter:
Ab 5 Jahren

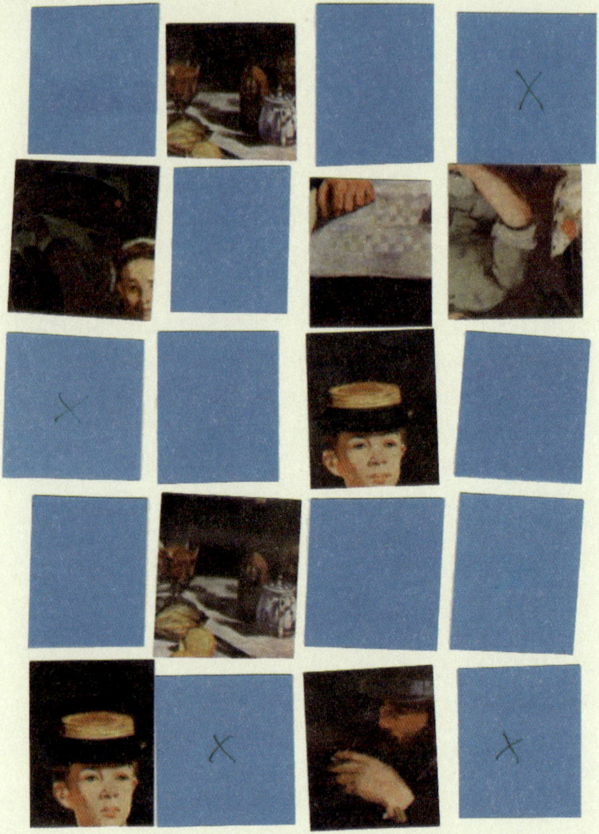

Von Studenten produziertes Gedächtnisspiel zu Édouard Manet: Frühstück im Atelier, 1868, Bayerische Staatsgemäldesammlungen – Neue Pinakothek, München

Beispiel aus dem Museum

Für ein Kunstmemory wollen wir zur Abwechslung kein selbst entwickeltes, sondern ein im Handel erhältliches Spiel vorstellen: das „Prestel Memo-Kunstspiel Paare“ (inzwischen vergriffen). Auf den Spielkarten wurden Ausschnitte aus Gemälden der Alten und Neuen Pinakothek in München gewählt, wobei ein Ausschnitt nicht zweimal abgebildet ist, sondern unterschiedliche Ausschnitte aus einem Gemälde Paare bilden. Nicht nur die Grundidee ist originell, sondern auch die Paarbildungen in Einzelnen: Mann und Frau, zwei Augen, zwei Tiere ...

Vor der Gruppe/Klasse offen ausgelegt, bilden die Ausschnitte einen bunten Bilderteppich, der auf den Museumsbesuch und die vollständigen Originale neugierig macht. Um Details als zusammengehörig zu erkennen, spielen die Kinder oder Jugendlichen das Memory zuerst offen. Im zweiten Durchgang prägen sie sich die Details ein. Bei größeren Gruppen und wenig Zeit können die Karten auf Untergruppen aufgeteilt werden.

So vorbereitet, werden die Schüler im Museum gezielt die Kunstwerke ansteuern, die sie im Spiel in Ausschnitten kennengelernt haben.

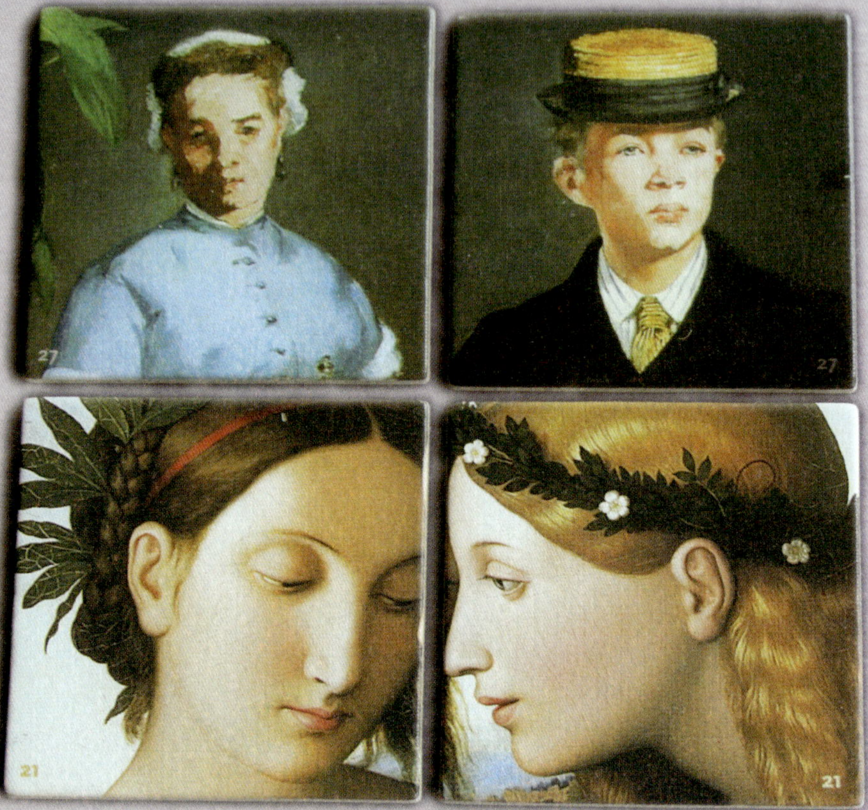

Das Prestel Memo-Kunstspiel Paare. Alte und Neue Pinakothek München.
München, London, New York (Prestel-Verlag) 2001

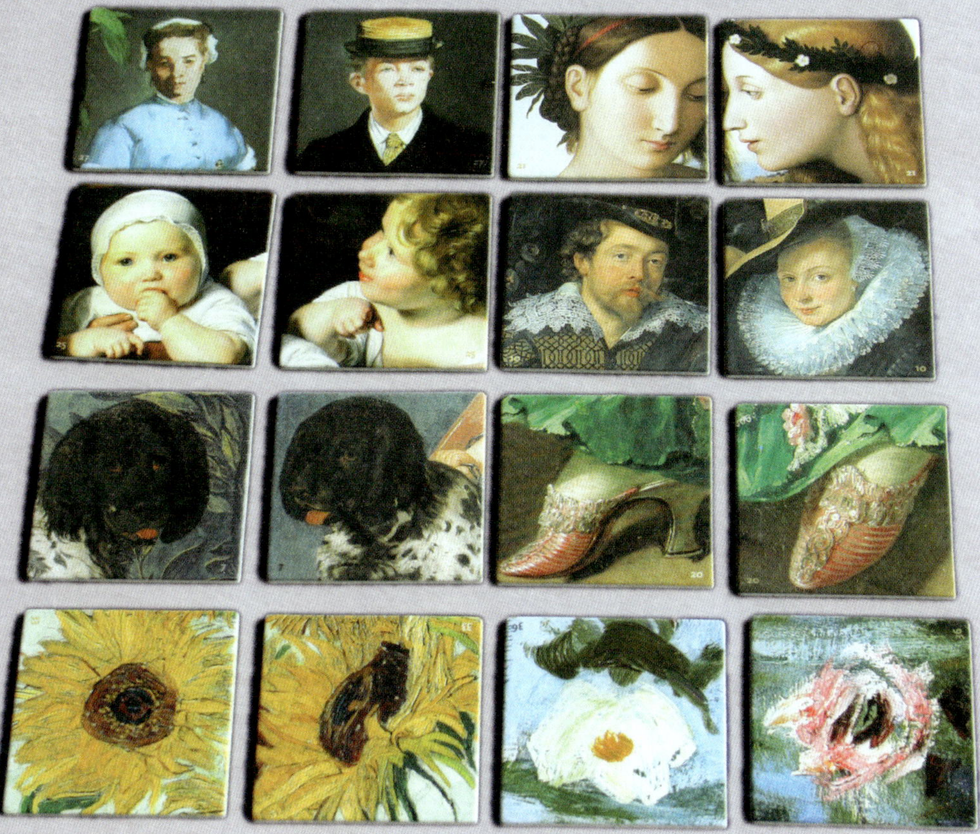

Bilderdomino

Das Bilderdomino ist eine Variante des Punktedominos, eines alten und auf der ganzen Welt verbreiteten Legespiels.[36] Ein Satz Dominosteine besteht aus 28 Steinen, auf denen jede Punktzahl von blanko bis sechs auf jeweils sieben Steinen erscheint. Beim Bilderdomino werden die Punkte durch sieben unterschiedliche Bildmotive ersetzt. Es wird nach der einfachsten der vielen Dominoregeln gespielt: dem „Tête-à-Tête". Dabei werden die 28 Bildkarten mit jeweils zwei Motiven verdeckt gemischt. Zwei Spieler nehmen sich acht Karten aus dem „Stock". Ein Spieler, zum Beispiel der Jüngste, deckt eine Bildkarte auf. Sein Gegenspieler darf nun eine Karte, die auf einer Seite das gleiche Bild zeigt, anlegen. Wer nicht anlegen kann, muss bis zu zwei Karten aus dem „Stock" nehmen und dann passen. Am Ende gewinnt, wer zuerst alle seine Bilddominos abgelegt hat.

Von Verlagen werden Bilderdominos mit einfachen Motiven für Kinder im Vorschulalter angeboten. Kleinere Kinder spielen Bilderdomino gerne mit aufgedecktem Stock. Wer reihum am Zug ist, sucht die passende Bildkarte und legt sie an. Die Spielidee wurde aber auch zu Legespielen weiterentwickelt, in denen die aneinandergereihten Bildkarten mit immer neuen Motiven Wörterschlangen, Straßen, Flüsse etc. bilden. Durch die Reihung immer neuer Motive fallen die Kombinationsmöglichkeiten des Punktedominos weg. Dafür eröffnen sich Perspekti-

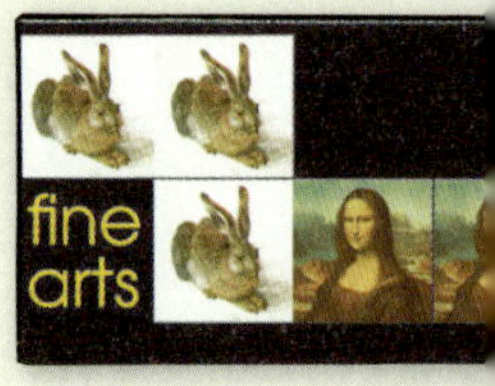

ven einer spannenden Bilderfolge. Für Kinder und Erwachsene bietet der Piatnik-Verlag zwei Dominospiele mit Kunstmotiven an.[37]

Bilderdomino als Kunstspiel

Die kunstpädagogischen Potenziale von Bilderdominos eröffnen sich, wenn Gruppen/Klassen ihre eigenen Spiele gestalten. Bilderreihungen bieten u.a. folgende Kombinationsmöglichkeiten:

→ Bild + Bild

Je ein vollständiges Bild nimmt eine Hälfte des „Steins“ ein und wird auf dem Nachbarstein jeweils vollständig wiederholt. Mit dieser Grundform des Dominos lässt sich eine überschaubare Menge von Bildern vorstellen. Die Schüler können etwa einen Museumsbesuch spielerisch dokumentieren. Jeder trägt ein Bild bei, das ihn beeindruckt hat. Mit dem selbst gefertigten Bilderdomino kann anderen Klassen ein erster Eindruck von den Beständen eines Museums vermittelt werden.

Art Omino – Fine Arts. Wien (Piatnik-Verlag)

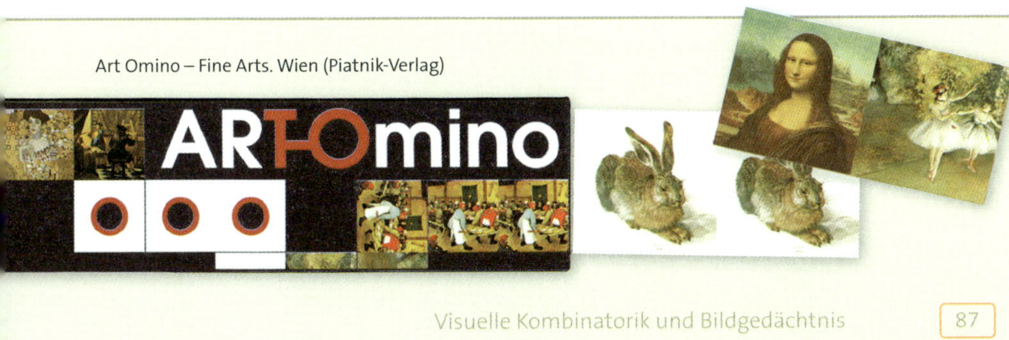

→ **Ausschnitt + Ausschnitt**

Die Gestalter wählen aus einem Bild zwei Ausschnitte und montieren sie auf zwei zugehörigen Karten. Die Ausschnitte können unmittelbar zusammenpassen oder als zu einem Bild gehörig erkennbar sein. Diese Variante fördert das genaue Betrachten und macht auf das Bild als Ganzes neugierig.

→ **Bild + Ausschnitt**

Auf der einen Hälfte der Karten werden die Bilder vollständig, auf der anderen in Ausschnitten abgebildet.

→ **Bild/Ausschnitt + Bild/Schlagwort**

Die spielerische Herausforderung kann auch sein, an eine Karte mit zwei Bildern auf beiden Seiten die passenden Künstlernamen, Bildtitel, Datierungen oder Schlagwörter anzulegen.

Ist das Domino fertig ausgelegt, haben die Spieler ein Bilderband, einen Ablauf von Bildern vor Augen. So lassen sich kunstgeschichtliche Entwicklungsreihen oder die Vielfalt einer Bildgattung spielerisch darstellen. Die Bilder laufen gleichsam wie im Film ab – eine lockere Alternative zu den gewohnten „statischen“ Bildvergleichen, die sich auch für unkonventionelle Bilderfolgen anbietet.

Wenn Blankokarten oder Karten mit einer Blankohälfte eingestreut werden, kann das Spiel während des Zusammenlegens weiter gestaltet, um neue Varianten oder Regeln ergänzt werden.

Spielformen:
Für Partner- und Kleingruppen

Spielcharakter:
Zuordnungsspiel, lenkt die Aufmerksamkeit auf Zusammenhänge, besonders für Kinder geeignet

Spielmaterial:
Selbst produzierte „Spielsteine" mit Bildmaterial beklebt und/oder beschriftet

Spieldauer:
ca. 15-20 Minuten

Alter:
Ab 6 Jahren

Beispiel aus dem Museum

In dem Gemälde „Die Sieben Freuden Mariens" erzählt Hans Memling, neben anderen Ereignissen aus dem Neuen Testament, die Geschichte

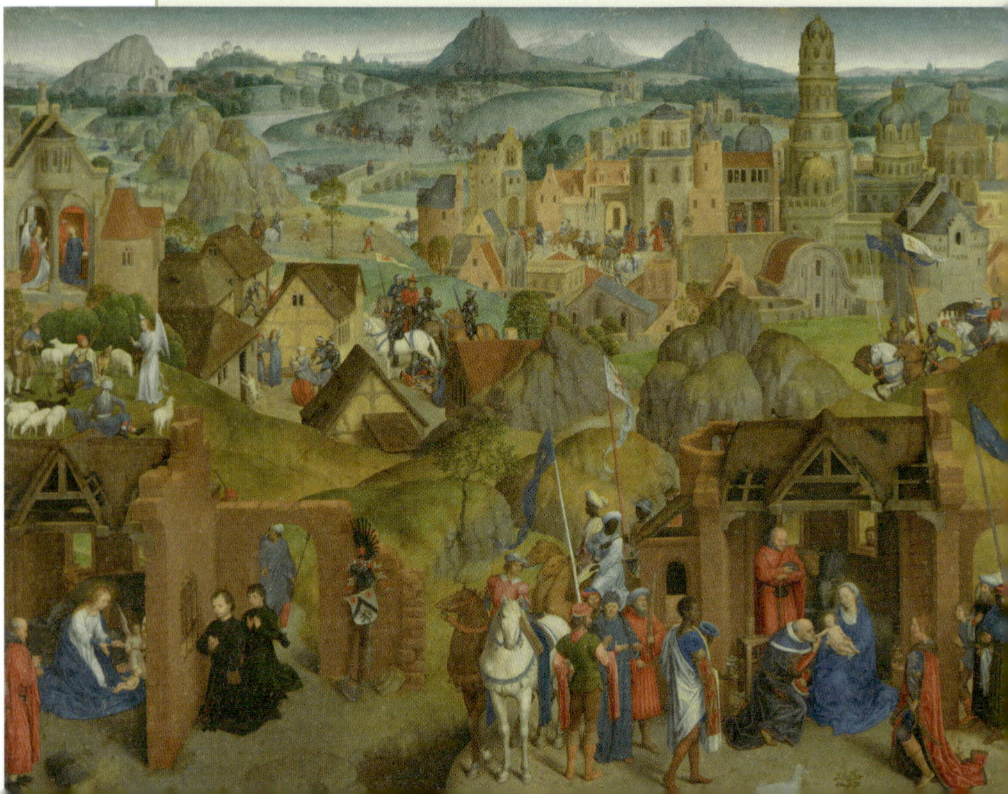

der Heiligen Drei Könige. Er zeigt eine Landschaft aus der Vogelperspektive und stellt ihre Geschichte an verschiedenen Orten – von der Ferne in den Vordergrund und wieder zurück – in Szenen dar:

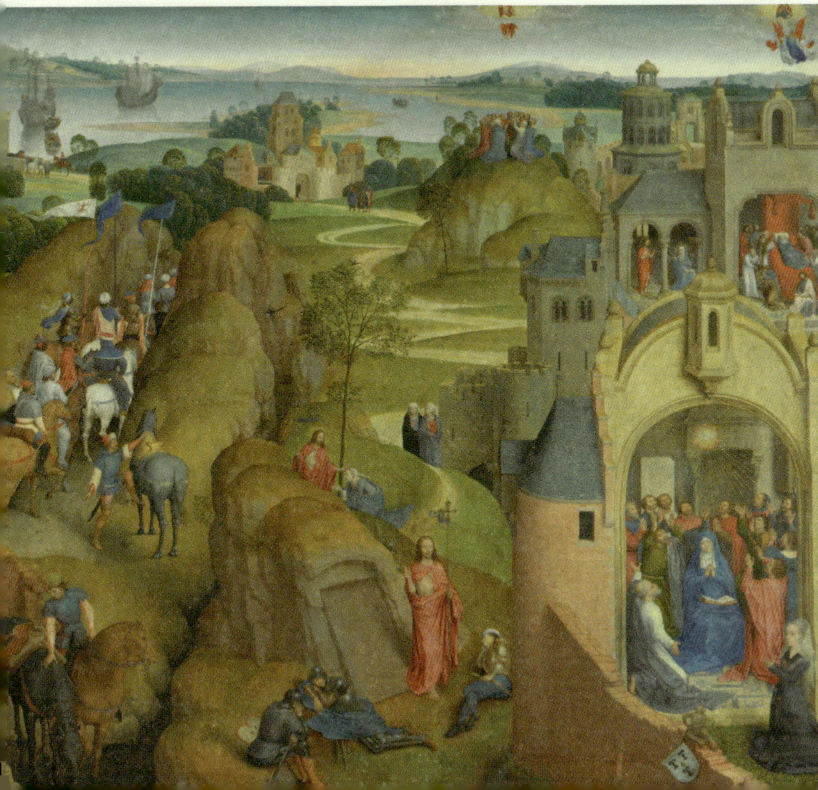

Hans Memling: Die Sieben Freuden Mariens, 1480, Bayerische Staatsgemäldesammlungen – Alte Pinakothek, München

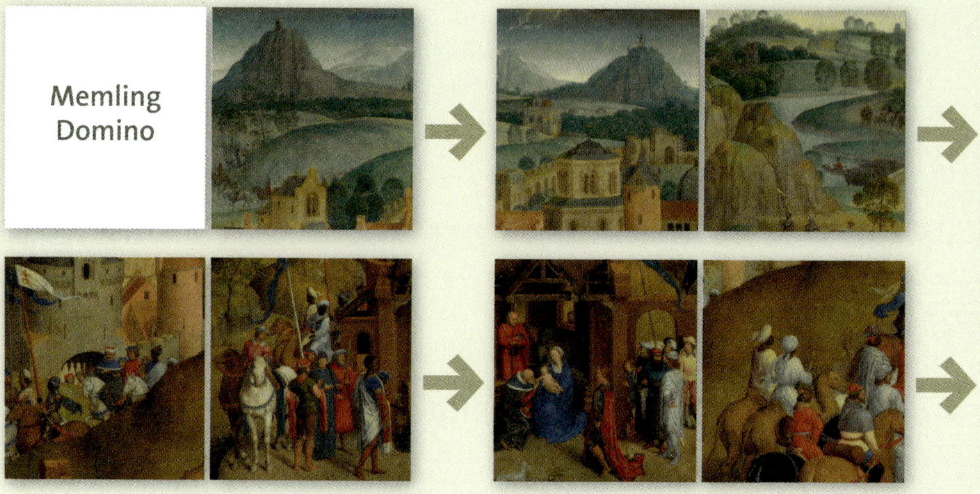

- Die Heiligen Drei Könige beobachten, jeder auf einer Bergspitze stehend, den Stern, der ihnen die Geburt des Erlösers ankündigt und den Weg weist.
- Die Heiligen Drei Könige mit Gefolge treffen zusammen.
- Herodes begrüßt die Heiligen Drei Könige im Hof des Palastes von Jerusalem. Herodes befragt sie nach dem neugeborenen König der Juden.
- Die Könige ziehen mit ihrem Gefolge nach Bethlehem.
- Sie beten das Jesuskind an und bringen ihm Geschenke.

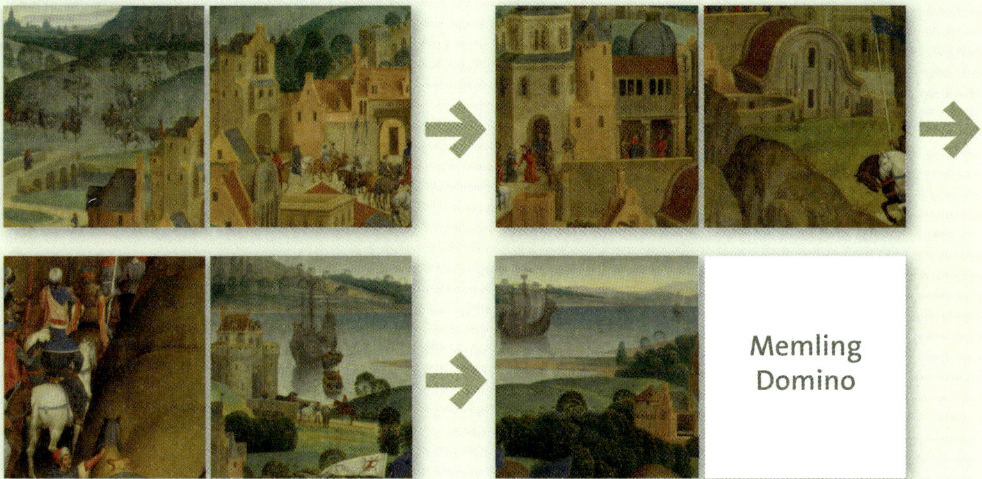

→ Die Könige reisen auf einem anderen Weg, unter Umgehung Jerusalems, zurück.
→ Sie schiffen sich ein.

Diese Szenenfolge lässt sich ausgezeichnet in einem Bilderdomino umsetzen. Die Ausschnitte auf den Bildkarten lenken den Blick des Betrachters vor dem Original. Das zusammengesetzte Domino erklärt visuell den Handlungsverlauf.

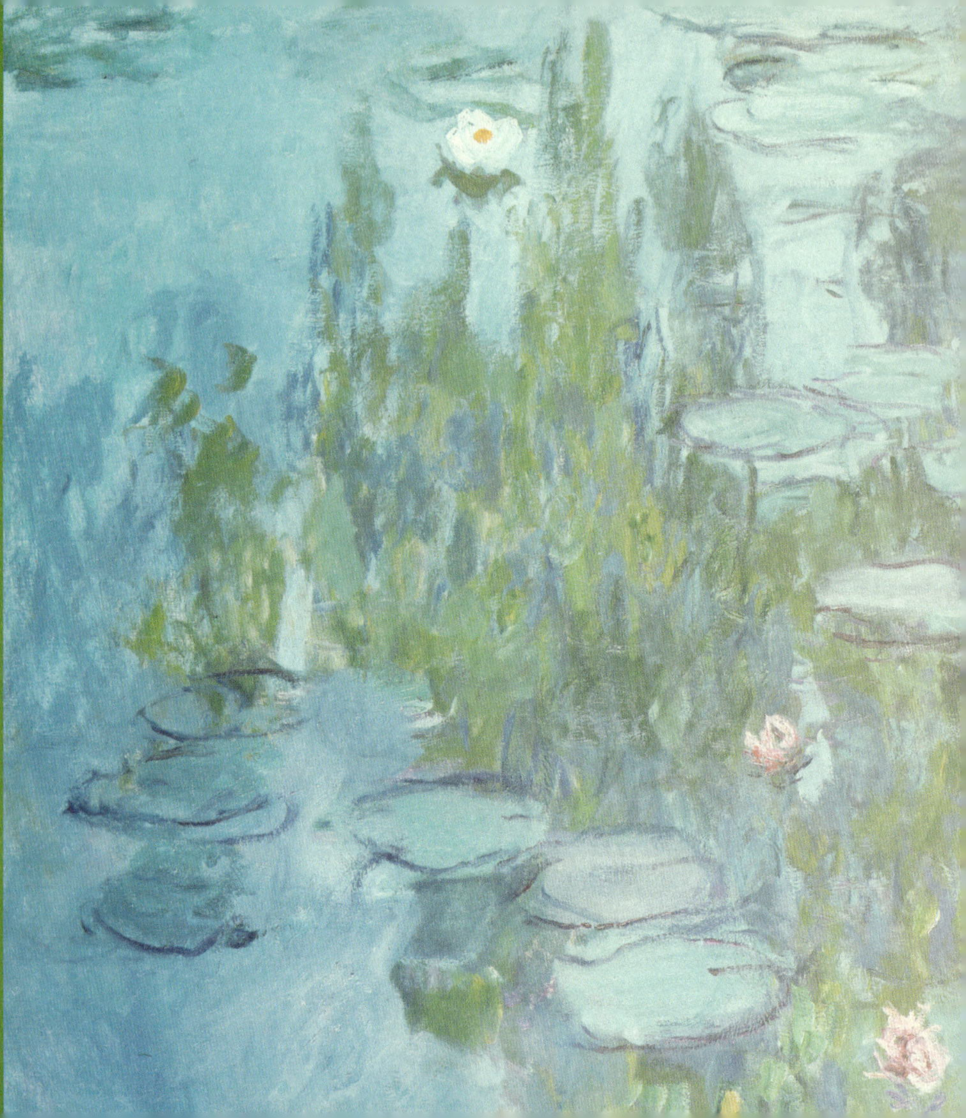

GESTALTUNGS-SPIELE

Kunst ist auch spielerischer Umgang mit Elementen der Gestaltung. Das wird den Betrachtern erst bewusst, wenn sie Gestaltungselemente gesondert vor Augen geführt bekommen oder selbst spielerisch mit ihnen umgehen. Gestaltungsspiele haben selten feste Regeln. Vielmehr bieten sie ein Repertoire an Formen und überlassen es den Spielern, wie diese die Formen zusammenstellen.

Zum Beispiel können Kinder scheinbar „absichtslos“ mit Bauklötzen hantieren, indem sie sie aufeinanderstapeln und wieder umwerfen. Sie können die Klötze aber auch bildhaft zusammenstellen, sodass sie ein Haus, eine Burg, ein Schiff etc. darstellen. Ein berühmtes Beispiel für solch ein Gestaltungsspiel zur „Bildung und Erziehung des Vorstellungsvermögens und des Formgefühls“[38] sind die „Spielzeug-Schiffe“ aus Holzklötzen von Alma Buscher, die diese 1923 am Bauhaus in Weimar entwarf.

Zwei- und Dreidimensionales

Freie Gestaltungsspiele werden im Handel zahlreich angeboten. Wir weisen auf drei Spiele hin, die an künstlerische Gestaltung heranführen. Das Legespiele „Art'quadrat“[39], das zugleich ein Puzzle ist, regt an, Farbflächen und gegenstandslose Formen zu Gebilden mit vielgestaltigen Umrissen zusammenzufügen.

Der „Kleine Designer“ fordert spielerisches Durchspielen von Gestaltungsvarianten heraus. Produktdesigner: Zehn berühmte Designerstühle sind als Umrisszeichnungen jeweils in vier Folien zerlegt: Vorder- und Hinterbeine, Sitzfläche und Lehne. Die Spielanleitung ist denkbar

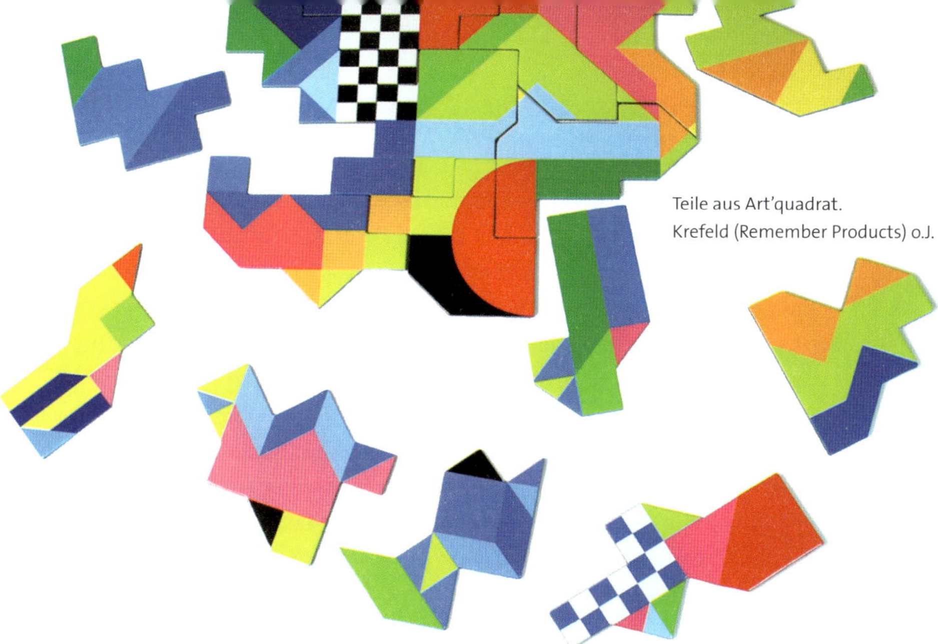

Teile aus Art'quadrat.
Krefeld (Remember Products) o.J.

einfach: „Tauschen Sie beispielsweise die Rückenlehne des Morrison- und des Breuer-Stuhls, suchen Sie sich passende Vorderbeine aus, und variieren Sie die Sitzflächen, so entsteht vielleicht der Stuhl-Klassiker von morgen!?"[40]

Ein Musterbeispiel unter den Gestaltungspielen ist das „House Of Cards" (1952/58)[41] des Stardesigners Charles Eames. Karten mit gegenständlichen und ungegenständlichen Motiven werden mit Hilfe von Schlitzen zu plakativen Bild-Kunst-Körpern dreidimensional zusammengesteckt.

Museumspädagogische „Klassiker“

Aus Gemälden einfache Motive zu isolieren und sie den Teilnehmern als Spielsatz anzubieten, ist ein „Klassiker“ der museumspädagogischen Vermittlung. Besonders eignen sich dazu gegenstandslose Gemälde wie Kandinskys „Roter Punkt“ in der Städtischen Galerie im Lenbachhaus in München. Die Schüler rekonstruieren das Gemälde vor dem Original und entwickeln einen Sinn für die Wirkung der Formelemente zueinander und als Ganzes.

Diese Idee, Bilder zu zerlegen und aus den Einzelteilen neue Bilder zusammenzubauen, hat Ursus Wehrli in seinem Buch „Kunst aufräumen“[42] in witziger Weise auf die Spitze getrieben: Er zerlegte Gemälde in ihre Bestandteile und sortierte sie nach banalen Ordnungskriterien in Reihen, Stapeln etc. Dieses Konzept stellen wir in einer sehr einfachen Variante vor (Kapitel „‚Kunst aufräumen': Josef Albers“, S. 113).

Im Beiheft des „Kunstöffners“ aus dem Kunsthaus Zürich[43] werden die Spieler aufgefordert, 16 Blankoquadrate mit Farben auszumalen und nach verschiedenen Kriterien zu sortieren oder zu einem Quadrat zu formieren. Die Regeln dazu sind als Zahlencode vorgegeben wie in der Konkreten Kunst. Farbspiele sind in der Kunst- und Museumspädagogik beliebt, weil sich einerseits die Farbe als Gestaltungselement gut isolieren lässt und andererseits mit Hilfe von Farblehren allgemeine Aussagen über Farben getroffen werden können.

In der Ausbildung von Gestaltern hat der spielerische Umgang mit Farbe Tradition, wie etwa „Farben ordnen. Mit Farben spielen“ [44] von

Moritz Zimpfer. Farbspiele für Kinder, wie „Colour couple“[45], schärfen die differenzierte Wahrnehmung von Farbnuancen.

Farbspiele sensibilisieren die Spieler für die Farbigkeit von Kunstwerken. Kunstwerke regen uns aber auch an, mit Farben und ihren Nuancen zu spielen.

Die Farben des Wassers

Wenn Kinder Wasser malen, nehmen sie das Blau aus ihrem Farbkasten. Dabei kann Wasser die unterschiedlichsten Blautöne und Farben annehmen. Das ist den Kindern durchaus bewusst. Will man mit ihnen verschiedene Farb- und Lichtsituationen von Wasser besprechen oder darstellen, so brauchen sie Hilfestellungen und Anregungen.

Farbkarten als Spielsatz

Soll die Farbgestaltung eines bestimmten Bildmotivs, wie Wasseroberflächen, spielerisch behandelt werden, kommen Vermittler/Lehrer nicht umhin, sich selbst Farbmaterialen als Spielset herzustellen. Dazu genügen ein Schulfarbkasten oder einige Gläschen mit Gouachefarben. Wer nicht zum Pinsel greifen will, kann auch mit einfachen Zeichen- und Bildbearbeitungsprogrammen Farbkarten in feinen Abstufungen entwerfen. Der Fachhandel für Malerbedarf führt Mischfächer zu den Farbensortimenten einzelner Hersteller. Noch einfacher ist es, über einen gewissen Zeitraum farbige Papiere zu sammeln.

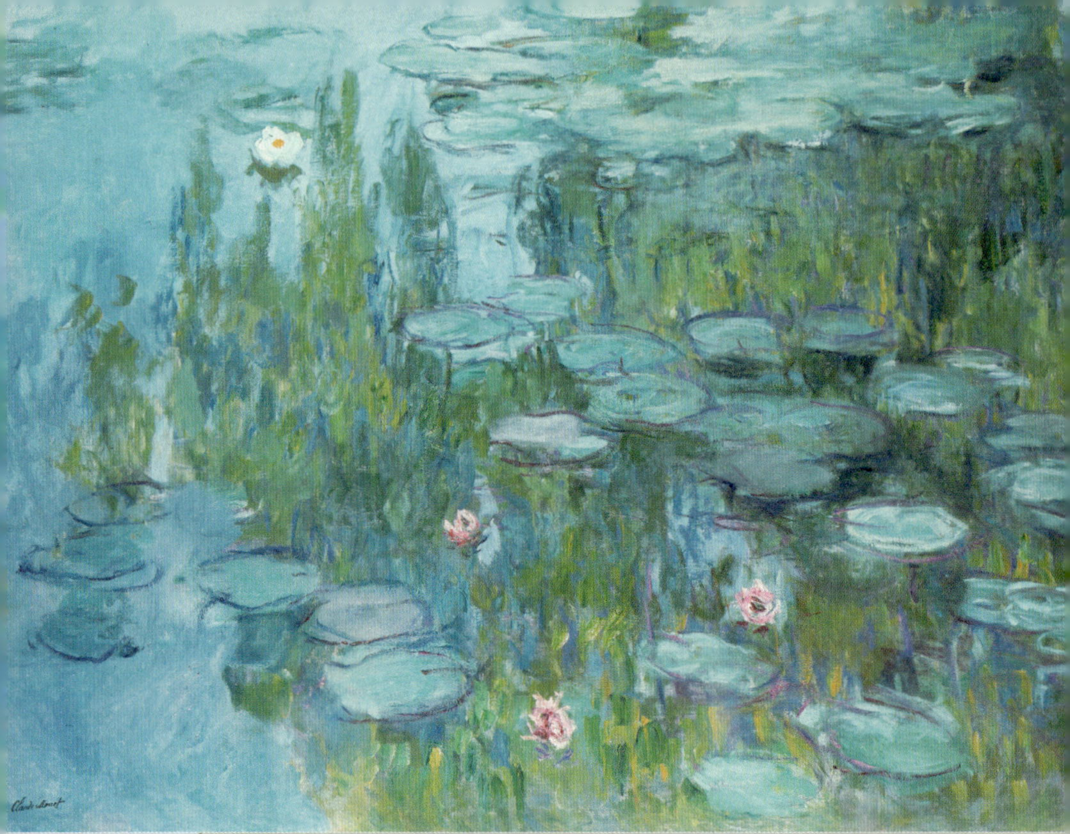

Claude Monet: Seerosen, 1918/1921,
Bayerische Staatsgemäldesammlungen – Neue Pinakothek, München

Sollen Kinder und Jugendliche die Vielfalt der Farbe Blau entdecken, reicht es, Blautöne wie Ultramarin, Kobalt- und Coelinblau sowie Türkis und ihre Mischungen untereinander auf Kärtchen in gleichem Format zusammenzustellen. Sollen Darstellungen von Wasseroberflächen auf Gemälden „nachgebaut" werden, muss das Spielset entsprechend differenziert werden:

→ **Farbvariationen**
Karten mit Blautönen in unterschiedlichen Helligkeits- und Vergrauungsstufen

→ **Formvariationen**
Farbstreifen verschiedener Länge, kleine Quadrate oder Rechtecke in Kontrast- und Reflexionsfarben (weiß, grün, rot-orange etc.).

→ **Oberflächenstrukturen**
glatt und rau, einheitlich und differenziert, mit und ohne Pinselspuren etc.

→ **Grundflächen**
von Hell- bis Dunkelblau, in Verfärbungen nach Grün, Braun und Grau

Meer, See, Teich, Fluss ...

Mit solch einem differenzierten Farbspielset lassen sich Wasseroberflächen aller Art vereinfacht darstellen: ein See im Sonnenlicht, ein trüber Tümpel, ein leuchtendes Schwimmbecken. Aus der Erinnerung entwickeln die Spieler ein Schema aus Grundfläche, Farbnuancen und -partikeln für Licht- oder Schattenflecken. Sie sensibilisieren sich dabei für die Wechselwirkungen von Farbhelligkeiten, Tonwerten und Kontrasten.[46]

Spielformen:
Für Gruppen und Klassen

Spielcharakter:
Experimentelles Legespiel mit freien Regeln, fördert den spielerischen Umgang mit Gestaltungselementen

Spielmaterial:
Farbkarten in verschiedenen Formaten, farbige Untergründe

Spieldauer:
ca. 10-15 Minuten

Alter:
Ab 10 Jahren

Beispiel aus dem Museum

Der berühmte Impressionist Claude Monet ließ im Garten seines Hauses in Giverny ausgedehnte Teiche anlegen und mit Seerosen bepflanzen. Diese Teiche malte er in Serien von Bildern. Eines dieser Gemälde, die „Seerosen“ (1918/1921), ist heute in der Neuen Pinakothek in München ausgestellt. Monet konzentrierte sich ganz auf die Wasseroberfläche in ihrer schillernden Farbigkeit. Seerosenblätter durchbrechen die Spiegelungen einer Trauerweide, die am Ufer steht. Den Uferstreifen selbst zeigt Monet nicht, so erhält der Bildausschnitt etwas Schwebend-Irreales, in dem Wasser, Himmels- und Uferspiegelung farblich und malerisch ineinander übergehen.

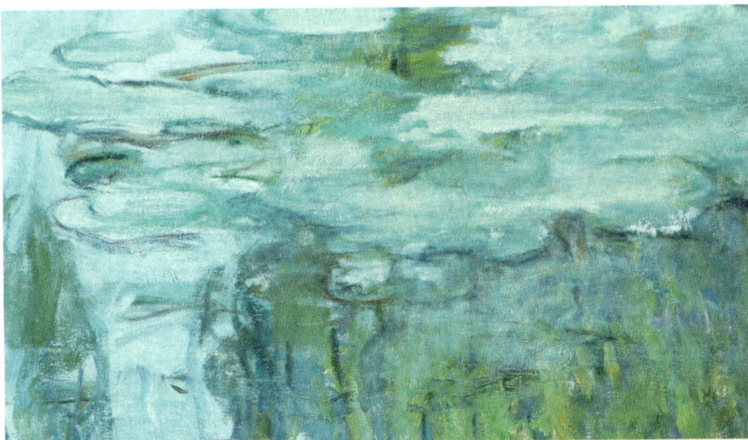

Claude Monet: Seerosen, 1918/1921, Detail

Eigenes spielerisches Gestalten von Wasseroberflächen bringt den Museumsbesuchern das Gemälde von Claude Monet besonders nahe:

Vorbereitungsphase

In einem Raum vor den Impressionisten breitet der Vermittler/Lehrer verschiedene Farbgründe und Farbkarten auf dem Boden aus. Farbpapiere im Format DIN A4 oder größer evozieren Assoziationen zu verschiedenen Wasseroberflächen. Entweder entwickeln Teilnehmer in Gruppen aus dem Spielmaterial eigene Vorstellungen oder der Vermittler gibt verschiedene Wassersituationen vor.

Vor dem Gemälde

Die Experimente der Teilnehmer werden vor dem Gemälde ausgelegt. Sie vergleichen ihre Wasserentwürfe mit dem Gemälde. Der Unterschied in der Abstraktion zwischen dem Experiment und dem Gemälde lenkt die Aufmerksamkeit auf gestalterische Entscheidungen: Welche Blautöne dominieren in dem „Seerosen"-Bild? Welche anderen Farben nimmt die Wasseroberfläche an, und wie verhalten sie sich zu den Blautönen? Wie groß sind die Helligkeitsunterschiede zwischen lichten und schattigen Wasserpartien?

Wenn die Teilnehmer einzelne Farbkarten (in ausreichendem Abstand!) vor das Bild halten, können sie die Einzelheiten klären:

Welche Farben wählten die Maler, um

- Wasser im Sonnenschein,
- Wasser im Schatten,
- Lichtreflexe auf der Oberfläche,
- Spiegelungen

darzustellen?

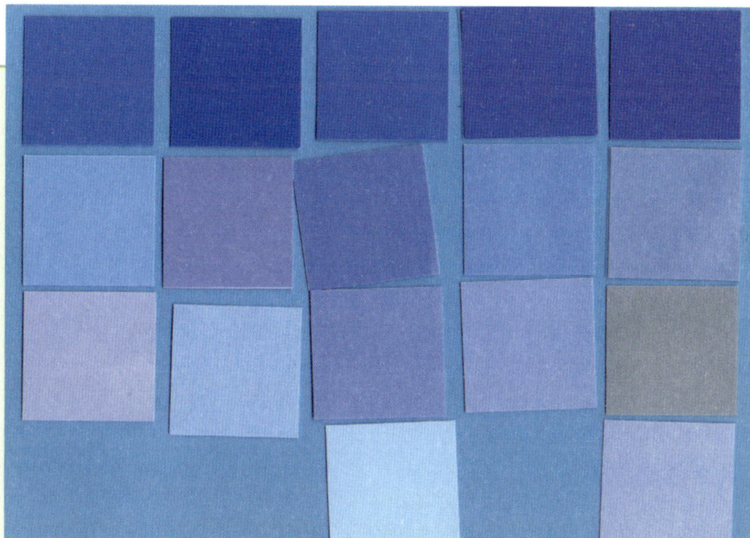

Verwandte Blautöne und Farbhelligkeit für dunkles, ruhiges Wasser, dargestellt mit Farbquadraten auf blauem Grund

Das Legespiel um die „Farben des Wassers“ hat keine festen Regeln, bietet eher einen spielerischen Rahmen. Die Spieler konkurrieren nicht untereinander, sondern erschließen sich Aspekte der Farbgestaltung, indem sie in Gruppen experimentieren und ihre Erfahrungen in ein gemeinsames gestalterisches Tableau einfließen lassen. Über einen Teil dieser Erfahrungen verständigen sie sich, einen anderen Teil bringen sie ohne Worte ein, indem sie das Spielmaterial auswählen, platzieren, neu kombinieren und verschieben, bis sie mit dem Ergebnis zufrieden sind.

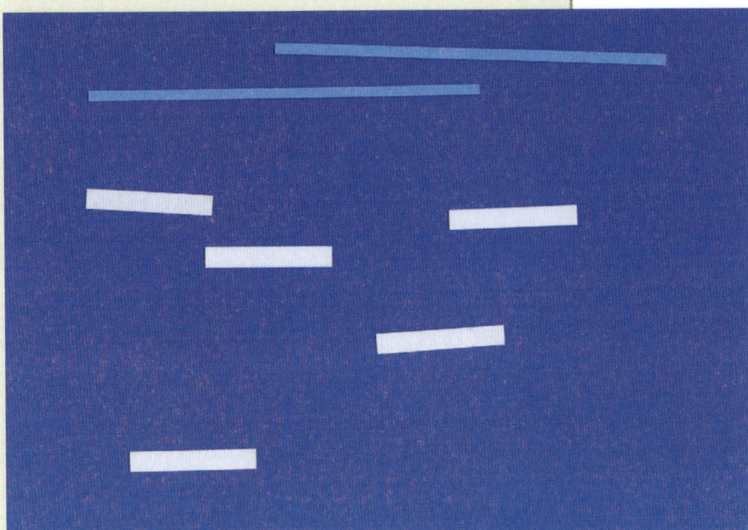

Wasser mit Lichtreflexen, dargestellt durch helle Streifen auf dunkelblauem Grund

„Smaragdgrün" – ein Spiel mit Wortkarten

Im Kaufhaus, im Baumarkt, im Modegeschäft, beim Friseur – überall werden wir mit einer Fülle von Farbnamen konfrontiert. Farbnamen rufen Vorstellungen hervor, die sich mit unseren Wahrnehmungen von Farben decken, aber auch widersprechen können. Diese Diskrepanzen zwischen Sprache und Wahrnehmung haben wir zum Thema eines Spiels gemacht.[47]

Grün, Grün, Grün ...

Lassen Sie sich auf einen kurzen Versuch ein: Nehmen Sie ein Blatt Papier zur Hand und schreiben Sie alle Namen und Nuancierungen der Farbe Grün auf, die Ihnen ohne Nachdenken einfallen! Vergleichen Sie Ihre Liste mit der Aufzählung auf Seite 110/111.

Es ist nicht wichtig, wie viele Begriffe Sie gefunden haben. Der Versuch soll Ihr Bewusstsein für die Farbe Grün schärfen: Welche Grüntöne haben Sie sich vorgestellt? Welche Farbnuancen entstehen vor Ihrem inneren Auge, wenn sie Maigrün, Schwarzgrün, Grünspan lesen? An welche Dinge erinnern Sie sich bei den Grüntönen?

Begriffe, Assoziationen und Wahrnehmungen

Wörterbücher und Kataloge aller Art, besonders für Künstlerbedarf, sind Fundgruben für Farbnamen. Diese Begriffe schreibt oder druckt man auf Karten, sodass jeder Teilnehmer mindestens eine Karte bekommt. Den Begriff in der Hand zu halten, schafft einen stärkeren Anreiz, als ihn nur laut auszusprechen.

In der ersten Spielrunde stellt jeder Teilnehmer seinen Grünton vor, beschreibt, wenn möglich, dessen Eigenart und nennt einen Gegenstand, an den der Grünton ihn erinnert.

In der zweiten Runde sortieren die Teilnehmer die Karten. Bei unserer Zusammenstellung von Grün-Namen bieten sich folgende Kategorien an:

- → Naturfarben
- → Mischtöne
- → Fantasienamen
- → Standardisierte Farben

In der dritten Runde wendet sich die Gruppe/Klasse dem Bild zu. Der Vermittler fragt zum Beispiel: „Wer findet seinen Begriff im Bild wieder?“, oder: „Welche Nuancen von Grün auf dem Gemälde werden durch Wortkarten abgedeckt?“

Im spielerischen Umgang mit den Wortkarten überwinden viele Teilnehmer ihre „Sprachlosigkeit“ gegenüber der Farbe. Sie nehmen die Vielfalt farblicher Abstufungen bewusster wahr und behalten sie besser im Gedächtnis, da sie sie visuell und begrifflich verankern können.

Spielformen:
Für Gruppen und Klassen

Spielcharakter:
Assoziatives Wechselspiel zwischen Sprache und visuellem Eindruck, bereichert Wahrnehmung und Wortschatz

Spielmaterial:
Wortkarten mit Farbnamen und ihren Nuancen

Spieldauer:
ca. 10-15 Minuten

Alter:
Ab 10 Jahren

Beispiel aus dem Museum

Arnold Böcklins „Pan im Schilf" (1859, München, Neue Pinakothek)[48] versetzt den Betrachter in eine Welt aus Grün (siehe S. 111). Das Schilfrohr – im Schatten und im Licht, im vollen Saft und am Boden vertrocknend – ist in nuancenreichen Abstufungen von Grün gemalt. Selbst Wasser und Himmel sind dem das Bild beherrschenden Grün verwandt.

Mit unserem Set von Wortkarten (siehe S. 110/111) erschließt sich Böcklins Reichtum an Grüntönen. Dazu werden den Teilnehmern folgende Fragen vorgelegt:

Kartenset „Grün“

			SAATGRÜN
TÜRKIS	APFELGRÜN	TANNENGRÜN	
MAIGRÜN	GRASGRÜN		RESEDA
	PATINAGRÜN	FLASCHENGRÜN	RAL 6010
OLIVGRÜN	SCHWEINFURTER GRÜN	KADMIUMGRÜN	FARNGRÜN
KIEFERNGRÜN	SIGNALGRÜN	PASTELLGRÜN	
	SMARAGDGRÜN	MINT	NEONGRÜN
LIMETTE			SPINATGRÜN
HELIOGENGRÜN	NICOSIAGRÜN	AMAZONASGRÜN	MOOSGRÜN
	GELBGRÜN		
BRENNNESSEL	TÜRKISBLAU		MINZGRÜN
GRÜNSPAN		VERKEHRSGRÜN	

Arnold Böcklin: Pan im Schilf, 1859,
Bayerische Staatsgemäldesammlungen – Neue Pinakothek, München

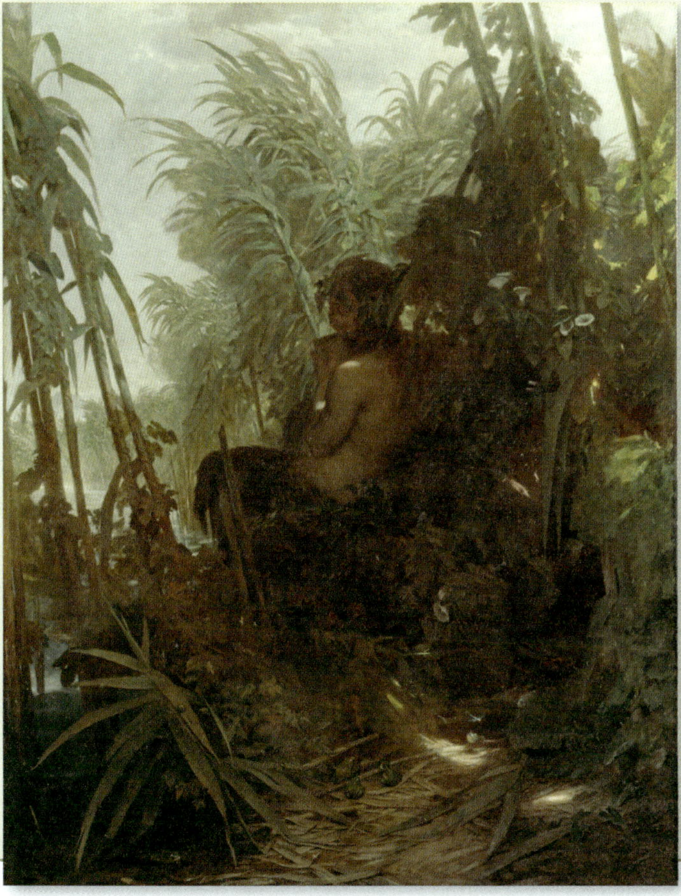

BLATTGRÜN

BLASSGRÜN

SCHWARZGRÜN

GRÜNE ERDE

BLAUGRÜN

GRAUGRÜN

CHROMOXIDGRÜN

WEISSGRÜN

TARNGRÜN

LAUBGRÜN

LICHTGRÜN

TÜRKISGRÜN

JADEGRÜN

→ Welche Grüntöne aus dem Kartenset lassen sich in Böcklins Bild finden?
(Mögliche Auswahl: Graugrün, Olivgrün, Grüne Erde, Weißgrün, Blassgrün, Schwarzgrün, Pastellgrün)

→ Aus welchen Ölfarben, welchem Pigment könnte Böcklin all dies Grüntöne gemischt haben?
(Mögliche Antwort: Chromoxidgrün, Grüne Erde)

→ Welche anderen Farben mischte der Künstler diesen reinen Grüntönen bei?
(Mögliche Antwort: Braun und Schwarz im Vordergrund; Weiß und ein wenig Schwarz besonders im Schilfrohr im Hintergrund)

Arnold Böcklin: Pan im Schilf, 1859, Detail

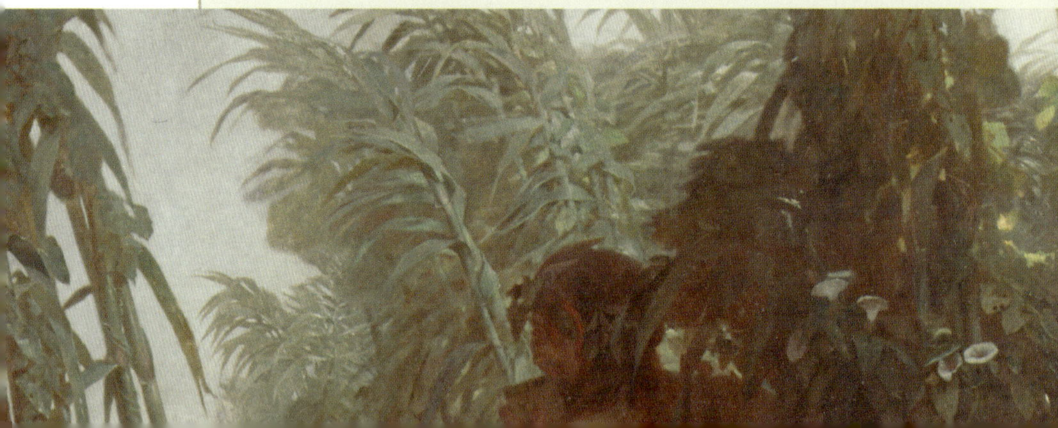

„Kunst aufräumen“: Josef Albers

Unsere Spielvorschläge mit Farb- und Wortkarten konzentrieren sich auf eine einzige Farbe. „Kunst aufräumen“ zielt auf das Zusammenwirken von Farben und nimmt dabei das Prinzip einer berühmten Serie gegenstandloser Kunst des 20. Jahrhunderts auf: Josef Albers „Homage to the Square“ (Huldigung an das Quadrat).

Ausgangspunkt ist „Study for ‚Homage to the Square'“ (1967). Das Spielmaterial lässt sich leicht herstellen.

Das Werk wird – frei nach Ursus Wehrlis Buch „Kunst aufräumen“[49] – in seine Bestandteile zerlegt: vier unterschiedlich große Quadrate. Ambitionierte Spielgestalter mischen die Töne genau nach, beginnen mit dem orangefarbenen Quadrat im Zentrum, hellen es auf und erhalten das nächstgroße Quadrat, mischen Weiß und Gelb zu und erzielen so die Farbabstufungen der beiden äußeren Quadrate.

Räumliches Zusammenspiel

Erste Runde:

Die Überlagerung der Quadrate nach dem Original rekonstruieren. Dabei erschließt sich die „räumliche“ Wirkung der Farbabstufungen.

Zweite Runde:

Andere Überlagerungen und ihre Wirkung ausprobieren (alle Quadrate im Zentrum, Orientierung an einer Kante nach oben spiegeln, innere Quadrate diagonal stellen etc.). Für die Variationen kann der Spielleiter auch Kriterien vorgeben: starre Ordnung – Unordnung, Verstärkung der

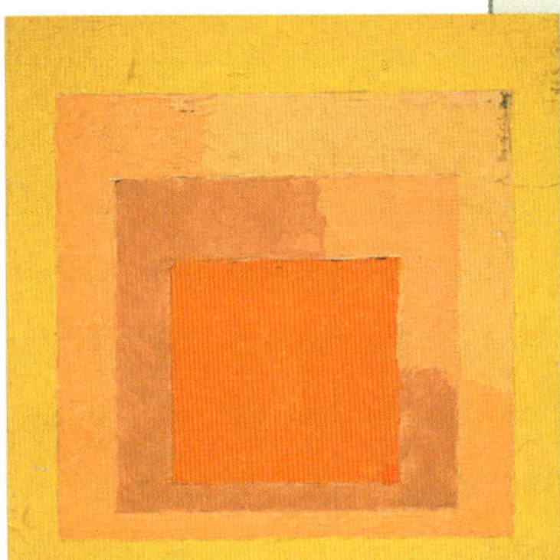

Josef Albers: Study for „Homage to the Square“, 1967, Josef Albers Museum Quadrat Bottrop
© VG Bild-Kunst, Bonn 2011

Flächigkeit – Verstärkung der Räumlichkeit etc. Die Spieler werden mit Erstaunen feststellen, welche Kombinationsmöglichkeiten in einer so einfachen Konstellation von vier farbigen Quadraten stecken.

Variationen mit weiteren Farben

Hier sind dem Einfallsreichtum keine Grenzen gesetzt, die Wirkung weiterer farbiger Quadrate zu erproben. Einige Spielregeln:

→ zwei Farbstufen – zwei Graustufen
→ drei Farbstufen – eine Komplementärfarbe
→ vier Grundfarben
→ vier Töne mit gleicher Helligkeit
→ vier Farbstufen, von außen nach innen dunkler werdend

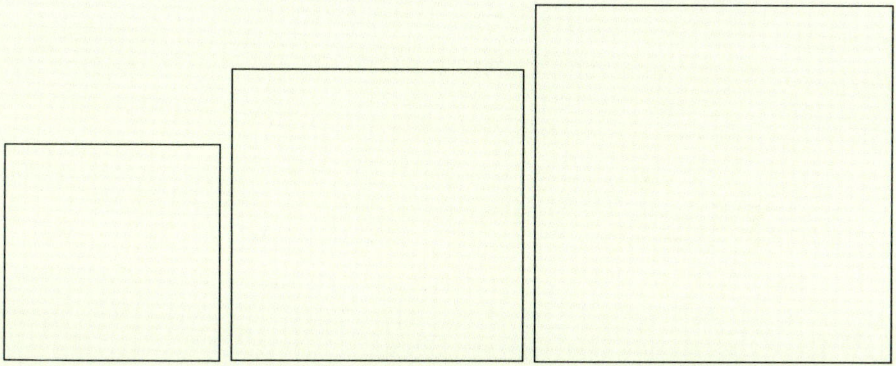

Kunstwerke nachstellen

In adeligen Gesellschaften vor der Französischen Revolution galt es als amüsanter Zeitvertreib, Kunstwerke nachzustellen. Das gehobene Bürgertum übernahm das „gesellige" Spiel.[50] In der Kunstpädagogik lebt diese Tradition als didaktische Methode bis heute fort, eine ästhetische Strategie, die durch die zeitgenössische Kunst Bestätigung erfährt. Eine Reihe prominenter Künstlerinnen und Künstler wie Cindy Sherman oder Paul Viola reinszenieren Gemälde mit Personen, die in die Rolle der Kunstfiguren schlüpfen.

Selbstorganisation oder Regie

Um mit Kindern oder Jugendlichen ein Bild nachzustellen, gibt es keine festen „Spielregeln". Die Gruppe/Klasse kann sich selbst organisieren oder aus ihrer Mitte einen oder mehrere Regisseure bestimmen. Darsteller und Regisseure können jeweils eine Aufgabe übernehmen oder die Rollen tauschen. Bilder lassen sich in allen möglichen Situationen nachstellen: im Museum, im Kunstunterricht oder auf einer Party. Bei einem vielfigurigen Historienbild gibt es viele Rollen zu verteilen, ein amüsantes Wechselspiel aus Durcheinander und Miteinander.

Bilder-Nachstellen kann als kurzes Stegreifspiel oder mit großem Aufwand, mit Kostümen, Requisiten und Kulissen, betrieben werden. Je nach Vorlieben, Größe der Gruppe und Zeitaufwand bietet die Kunstgeschichte unbegrenzt Bildvorlagen. Für ein kurzes Spiel, für einen Impuls, eignen sich Bilder und Plastiken mit ausdruckstarker Körper- und Gebärdensprache.

Nachstellen mit Spielregeln

Gewisse „Spielregeln" helfen den Teilnehmern nicht nur, sich zu organisieren, sie steigern auch die Lust am Spiel und den Erkenntnisgewinn. Organisiert der Vermittler/Lehrer das Nachstellen in einer Folge von Schritten, kann er sich selbst aus dem Spiel zurückziehen:

→ Die Teilnehmer wählen aus ihrer Mitte die Darsteller, die sich vor dem Bild aufstellen.
→ Die Darsteller stehen gerade da: die Füße parallel, Arme am Körper, Blick geradeaus. Die Regisseure dirigieren die Darsteller wie bewegliche Puppen, die sich nur nach Anweisung aus ihrer neutralen Haltung lösen.
→ Sie weisen ihnen einen Platz an, bringen sie in eine Stellung, wie sie dem Bild entspricht.
→ Sie modellieren ihre Körperhaltung, zuerst im Groben die Stellung der Beine und Haltung der Arme, danach im Feinen mit kleinen Drehungen, Neigungen, Kopfhaltung und Blickrichtung.

Aus der eigenen Körpererfahrung heraus entwickeln die Teilnehmer ein Gefühl dafür, welche Regieanweisungen die Darsteller in die gewünschte Stellung versetzen. Dabei beobachten sie die Figuren auf dem Bild sehr genau, um ihre Beobachtungen in Handlungsanweisungen übersetzen zu können. Das gelingt nicht immer im ersten Anlauf. Oft präzisieren mehrere Teilnehmer die Anweisungen. Die Regisseure fühlen sich in die Haltung, Gestik und Mimik der Figuren ein, die Darsteller erfahren sie am eigenen Leib. Interviewt der Vermittler/Lehrer die Darsteller zum Abschluss des Nachstellens, so erfahren die Teilnehmer, wie natürlich oder verdreht, wie entspannt oder verkrampft die Haltungen der Figuren auf dem Bild physisch und psychisch erlebt wurden.

Varianten

Nachgestellte Bilder suchen

Einzelne Teilnehmer oder Kleingruppen stellen ein Kunstwerk im Eingangsbereich des Museums nach. Der Rest der Gruppe/Klasse versucht in den Ausstellungsräumen die nachgestellten Bilder zu entdecken.

Spielformen:
Für Gruppen und Klassen

Spielcharakter:
Gruppendynamisches Rollenspiel, fordert und fördert die körperliche und emotionale Auseinandersetzung mit einem Kunstwerk

Spielmaterial:
Große Abbildungen des Kunstwerks, Requisiten, Drehbuch für eine Szene

Spieldauer:
Einfaches Nachstellen ca. 10-15 Minuten;
Projekt mit Requisiten mehrere Stunden

Alter: Ab 7 Jahren

Vom Bild zur Szene

Das Nachstellen lässt sich gut in einer kleinen Szene fortsetzen.[51] Die Figuren des Bildes lösen sich aus ihrer starren Haltung, beginnen miteinander zu sprechen.[52] Die Geschichte im Bild geht vor dem Bild weiter. Werden einzelne Phasen mit der Kamera festgehalten, lassen sich Vor- und Nachbilder zu einer Bildergeschichte kombinieren.

Beispiel aus dem Museum

Max Beckmann stellte sich 1944 im Amsterdamer Exil in seinem „Selbstbildnis" im schwarzen Anzug so dar, als würde er an einer Abendgesellschaft teilnehmen. Lässig lehnt er über einer Stuhllehne, dem Arm V-förmig angewinkelt, die Zigarre in der Hand.

Zwei Studentinnen stellten das Bild in der Pinakothek der Moderne in München in subtiler Weise „nach". Beide traten im schwarzen Anzug und mit Zigarette in der Hand auf. Die eine nahm die Haltung des Malers ein. Die andere variierte die lässige Geste des Rauchens im Stehen. Die Differenzen zwischen den Darstellerinnen und dem Selbstporträt lenken die Aufmerksamkeit auf Eigenheiten der Bildgestaltung: Körperhaltung, Wahl des Ausschnitts und eigenwillige Lichtregie. Die Teilnehmer beobachten, wie sich die Haltung auf dem Bild auf den ganzen Körper auswirkt. Dadurch werden Kopf- und Körperdrehung, im Bild in der schwarzen Fläche aufgehend, einsichtig. Statt der gleichmäßigen Ausleuchtung des Museums beleuchtet im Bild ein Schlaglicht eine Gesichtshälfte sichelartig, während uns der Maler mit verkniffenem Mund und schmalen Augen anstarrt. Das Nachstellen hat natürlich auch

Elemente der Persiflage. Zwei Frauen schlüpfen in die Rolle des Mannes auf dem Bild. Durch das Einfrieren des Gestus des Rauchens bekommt er etwas Übertrieben-Künstliches.

Plötzlich beginnen die Personen zu sprechen: Im schnellen Wechsel tragen sie Zitate aus den Schriften Beckmanns vor. Aus dem „lebenden Bild" wird eine Szene. Die Zitate schaffen Nähe zur Gedankenwelt Beckmanns und zugleich Distanz, wenn der Maler über seine Kunst kritisch nachdenkt.

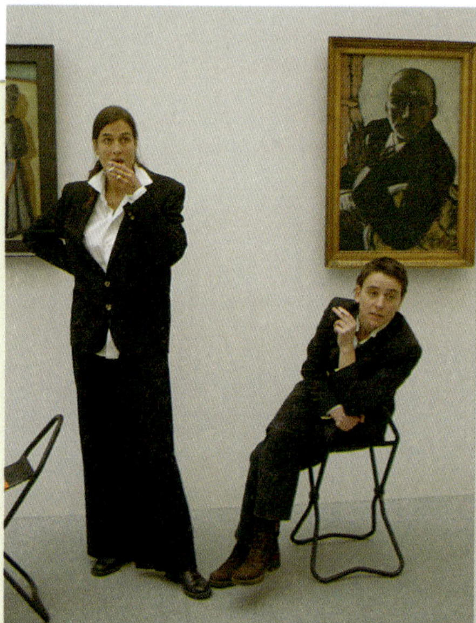

Zwei Studentinnen setzen sich mit Beckmanns „Selbstbildnis" in einer kleinen Performance auseinander.

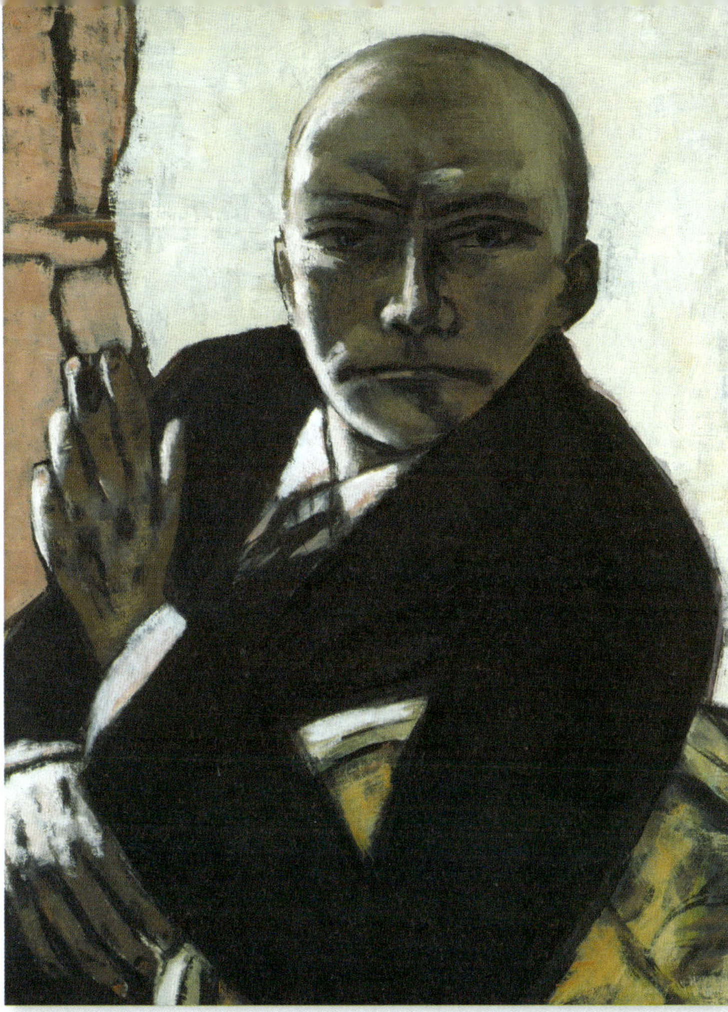

Max Beckmann: Selbstbildnis, 1944, Bayerische Staatsgemälde-sammlungen – Pinakothek der Moderne, München © VG Bild-Kunst, Bonn 2011

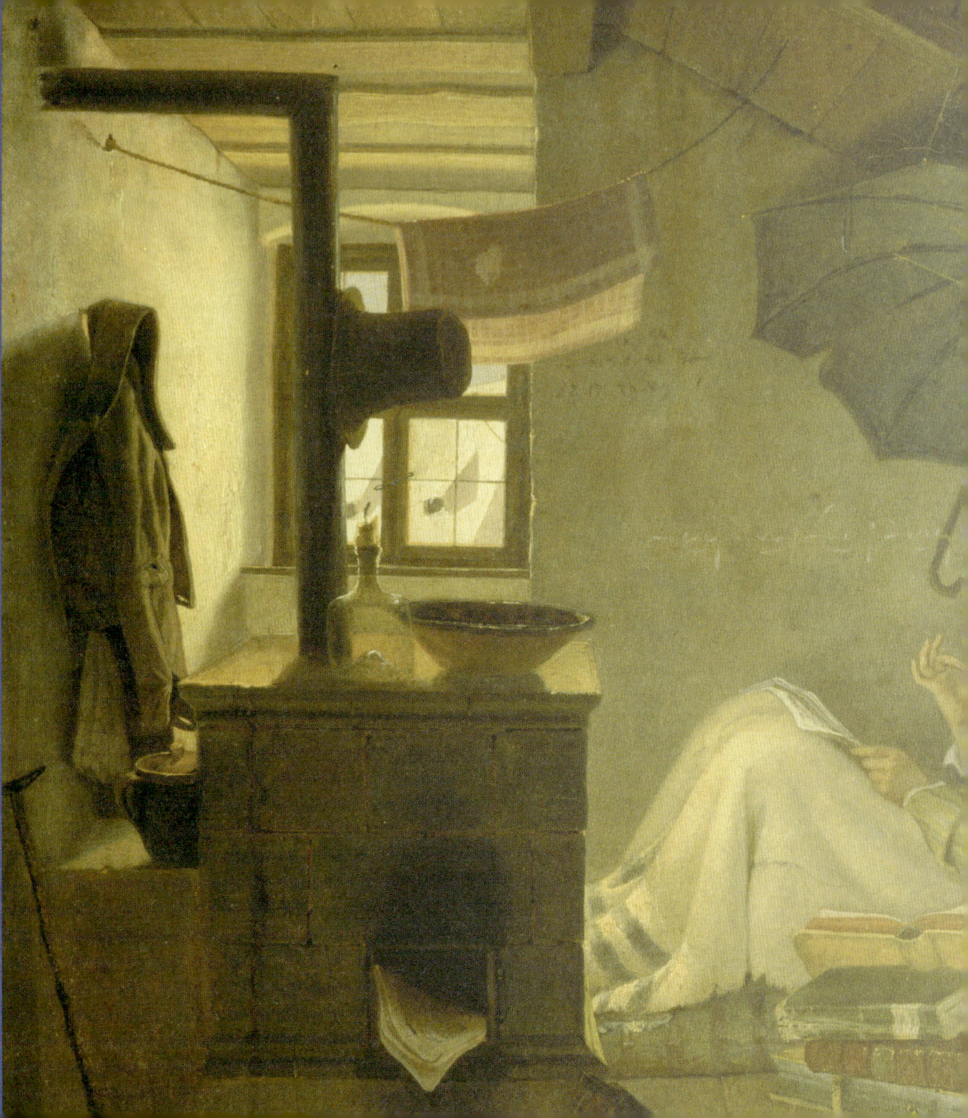

INFORMATIONS-SPIELE

In der Museumspädagogik sind Informationsspiele beliebt, wenn Wissen im Museum durch Medien wie Schriften vermittelt werden soll. Allerdings fehlt den gängigen Arbeitsblättern jede spielerische Note. Werden Fragen mit Suchaufgaben und Handlungsanweisungen, mit Abbildungen und Plänen kombiniert, entsteht die „Museumsrallye", eine einfache Form eines Informationsspiels.

Mit Hilfe von Informationsspielen können Spieler ihr Wissen erweitern, zeigen und prüfen, können sich mit ihren Mitspielern messen. Sie unterscheiden sich von der Wissensvermittlung in der Schule durch eine vom Prüfungsdruck befreite Interaktion zwischen Kandidaten, Moderator und Publikum. Wobei je nach Spiel auch die Rollen getauscht werden.

Informationsspiele sind nicht an ein bestimmtes Medium gebunden. Frage- und Antwortspiele können mündlich oder mit Hilfe von Karten gespielt werden sowie mit anderen Spielelementen (Zufallsgeneratoren wie Würfel, Drehscheiben, Spielfeldern) verbunden sein. Die Gestaltung und Präsentation hat großen Einfluss auf Akzeptanz und Popularität von spielerischer Wissensvermittlung.

Kunstquiz

„Quiz" ist die amerikanische Abkürzung für „question" (Frage) und bezeichnet alle möglichen Formen von Frage- und Antwortspielen. Das Quiz ist als Fernsehshow und Rundfunksendung, als Internet- oder Kartenspiel ein beliebter Zeitvertreib. Sein Spielmaterial ist das Wissen: Allgemein-, Lexikon-, Expertenwissen. Gefragt wird nach Fakten: Begriffen, Namen, Jahreszahlen, kurzen Definitionen. Fakten als Antworten gewährleisten einen zügigen und widerspruchsfreien Spielablauf.

Der Reiz des Quiz beruht auf der Verquickung von Informationsmanagement und persönlicher Interaktion: Bestätigung von Wissen bei Kandidaten und Publikum, Wettstreit der Kandidaten, unterhaltsame Moderation durch einen Quizmaster.

Lustvolles „Ausfragen"

Um die positive Einstellung zu Fragespielen zu verstehen, muss man sich über die Gemeinsamkeiten und Unterschiede von Wissenstests in Schule und Freizeit klar werden. Prinzipiell unterscheiden sich Quizfragen nicht von Prüfungsfragen. Im Quiz gibt es genauso Gewinner und Verlierer wie in einer schulischen Prüfung. Aber die Kandidaten haben durch den spielerischen „Rahmen" eine positive Einstellung zu den Fragen:

→ Handlungsspielräume

Spielregeln geben den Kandidaten Handlungsspielräume. Sie können Fragen austauschen oder ablehnen („Joker"), Themen oder Anspruchsniveaus wählen, um das Spiel ihren Stärken anzupassen.

→ Zufall

Das Quiz ist oft mit Zufallsgeneratoren kombiniert. Fragen werden gezogen oder ausgelost. Das bietet Überraschungen und Unwägbarkeiten „wie im richtigen Leben". Der Zufall lässt dem Kandidaten eine Hintertür offen, sich vor sich selbst zu rechtfertigen, wenn er scheitert.

→ Entpersonalisierung

Das Abfragen von Wissen ist keine „persönliche" Auseinandersetzung zwischen Prüfer und Prüfling. Der Quizmaster hat eine andere Rolle als der Prüfer. Er leitet, moderiert, unterstützt, aber er bewertet nicht.

→ Wissen als „Spielgeld"

Das Quiz findet in einer eigenen Welt statt, in der Wissen zum Spielmaterial wird. Wissen oder Nichtwissen, Gewinn oder Verlust des Spiels haben keine weiterreichenden Konsequenzen.

Quiz zur Kunst

In dem weltweit erfolgreichen Quizspiel „Trivial Pursuit" sind Fragen zur Kunst zusammen mit Fragen zur Literatur in der Normal- (Genius-) und der Familienedition vertreten. Als Quiz im Kartenformat spannt der Moses-Verlag ebenfalls „Kunst & Literatur" zusammen.[53] Die Kunstgeschichte ist Teil des gehobenen Bildungswissens von Erwachsenen, wird von Verlagen aber sehr selten zum ausschließlichen Thema eines Fragespiels gemacht.[54]

So exotisch das reine Kunstquiz ist, so häufig sind Quizelemente zentraler Bestandteil von Gesellschaftsspielen zur Kunst wie dem „Prestel-Kunstspiel", dem „Prestel-Kinderkunstspiel" oder dem „Spiel mit Kunst für Kinder" aus dem Belser-Verlag. Dabei werden die Quizfragen mit Bildkarten kombiniert. In den Spielen für Erwachsene wird Faktenwissen abgefragt, in den Spielen für Kinder, die noch nicht über das Faktenwissen verfügen, werden Beobachtungs- und Rateaufgaben gestellt.[55]

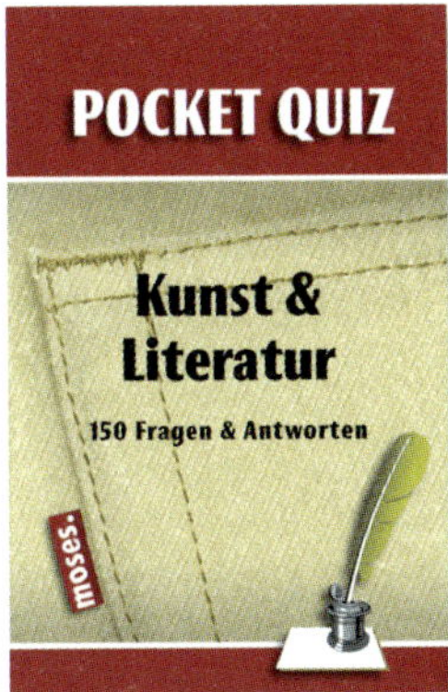

Pocket Quiz: Kunst & Literatur (moses. Verlag GmbH, Kempten)

Ein Quiz konzipieren: Fragentypen

Als Spieler braucht es einen nicht zu kümmern, woher die Fragen kommen. Will man dagegen selbst ein Kunstquiz entwerfen, muss man sich Gedanken zu Art, Inhalt und Anspruch der Fragen machen. Jugendliche werden sich an grundsätzlichen Einordnungskategorien der Kunst- und Stilgeschichte orientieren:[56]

Wer?	Fragen nach dem Künstler
Was?	Fragen nach Thema/Gattung
Wann?	Fragen nach der Epoche/Datierung
Wie?	Fragen nach dem Stil
Wo?	Fragen nach Standort/Ort der Entstehung

Alle Fragetypen kombiniert man am besten mit Bildkarten, da sie es den Spielern erleichtern, Bilder zeitlich einzuordnen oder einem Künstler zuzuschreiben. Ein Kartenspiel wie das „Pocketquiz: Kunst & Literatur“[57], das aus Kostengründen mit kleinen Randzeichnungen auf den Karten auskommt, rekurriert auf das Allgemeinwissen vor dem Hintergrund des kollektiven Bildgedächtnisses. Die Fragekarten des „Prestel-Kinderkunstspiels“ nehmen auf die Bildkarten Bezug, stellen Beobachtungsfragen. Um eine Folge von Fragen abwechslungsreich zu gestalten, kombinieren Spieleerfinder die W-Fragen mit anspruchsvolleren Fragetypen:

Fragen nach kunstgeschichtlichen Begriffen

→ Was bedeutet „Barock“?[58]

→ Was versteht man unter einem Gesamtkunstwerk?[59]

→ Was bedeutet „Duktus“?
a) Eine besondere grafische Technik
b) Eine Maltechnik mit Wasserfarben
c) Die „Handschrift“ eines Künstlers
d) Erzeugung eines starken Kontrastes[60]

Epochale Einordnung und Stilcharakteristik

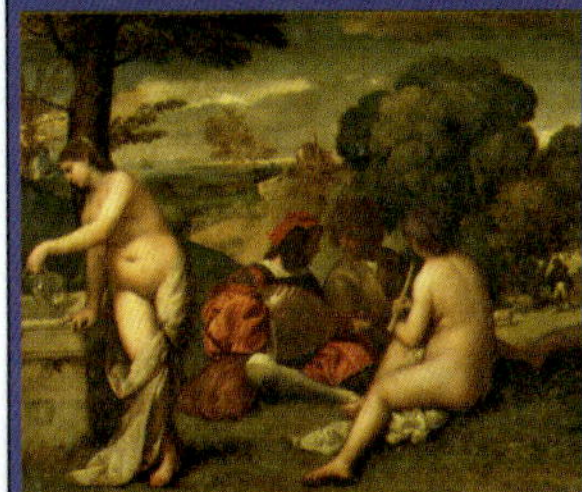

Das Gemälde „Ländliches Konzert" [von Giorgione] ist ein Werk
a) des Mittelalters.
b) der Renaissance.
c) des Rokoko.[61]

→ Woher kam die Bezeichnung „Impressionisten"?[62]

→ Welcher Unterschied bestand zwischen amerikanischer und englischer Pop-Art?[63]

Fragen nach „Ikonen" des kollektiven Bildgedächtnisses

→ Die „Mona Lisa" wird auch genannt
a) La Gioconda
b) La Capricciosa
c) Madonna[64]

→ Von welchem Maler stammt das Revolutionsbild, auf dem eine Frau mit entblößter Brust in der einen Hand ein Bajonett, in der anderen die Trikolore hält?
a) Eugène Delacroix
b) Théodore Géricault
c) Jean-Honoré Fragonard
d) Nicolas Poussin“[65]

→ Bei welchem Maler des 20. Jahrhunderts ist ein Pfeife gar keine Pfeife?[66]

Ikonografische Fragen

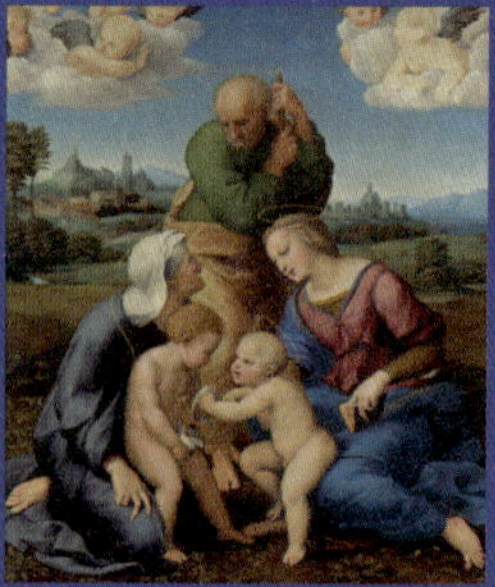

Wer sind die beiden nackten Knaben auf Raffaels (1483-1520) Gemälde „Die Heilige Familie aus dem Hause Canigiani“?

a) Jesus und Johannes
b) Romulus und Remus
c) Kain und Abel[67]

→ Was stellte Michelangelo an der Decke der Sixtinischen Kapelle dar?
a) Die Erschaffung der Welt
b) Die Geburt Christi
c) Die Flucht der Heiligen Familie nach Ägypten
d) Den Leidensweg Christi[68]

→ Wie heißt das Bild der italienischen Künstlerin Artemisia Gentileschi (1593-1652), das die Heldentat einer Jüdin aus dem Alten Testament darstellt?
a) Judith erschlägt Holofernes
b) Judith enthauptet Holofernes
c) David erschlägt Goliath
d) Rachel enthauptet Holofernes[69]

Fragen zu Gestaltungsmitteln

→ Welche sind die Grundfarben der Malerei?
a) Rot, Gelb, Grün
b) Rot, Blau, Grün
c) Rot, Blau, Gelb
d) Blau, Grün, Gelb[70]

→ Was bezeichnet man in der Malerei als Goldenen Schnitt?[71]

→ Welcher Maltechnik bedienten sich die Impressionisten?[72]

Beobachtungsfragen

Im „Prestel-Kinderkunstspiel" werden zum „Armen Poeten"[73] von Carl Spitzweg folgende Fragen gestellt:

1. Was hängt über dem Mann an der Decke?
2. Was trägt der Mann auf dem Kopf?
3. Ist das Fenster im Hintergrund des Bildes offen oder geschlossen?
4. Was liegt vor dem Bett am Boden?
5. Wo hängt der Hut des Mannes?

Der Spieler darf das Bild kurz betrachten. Danach gibt er die Karte einem Mitspieler, der eine der Fragen stellt. Die Antwort findet der Spieler, indem er seine Bilderinnerung überprüft.[74] Besonders Kindern gelingt es aufgrund ihrer unspezifischen Neugier gut, sich eine Fülle von Details einzuprägen. Erwachsene neigen dazu, Bilder mit den Filtern individueller Interessen zu betrachten.

Die Spielproduzenten haben die Beobachtungsfragen nach ihrem Schwierigkeitsgrad geordnet. Die Fragen 1 und 2 fragen nach Einzelheiten, die auch bei flüchtiger Betrachtung auffallen, weil sie sich auf zentrale Motive beziehen. Die Fragen 4 und 5 rufen ausschmückende Details ab. Bei Frage 3 müssen viele raten, da die Spielsituation nicht so viel Zeit lässt, das Bild bis in den Hintergrund zu studieren.

Wissensfragen wecken das Interesse an der Breite der Kunstgeschichte, unterstützen den Spieler, sich ein Überblicksraster aufzubauen. Beobachtungsfragen lenken die Aufmerksamkeit auf das konkrete

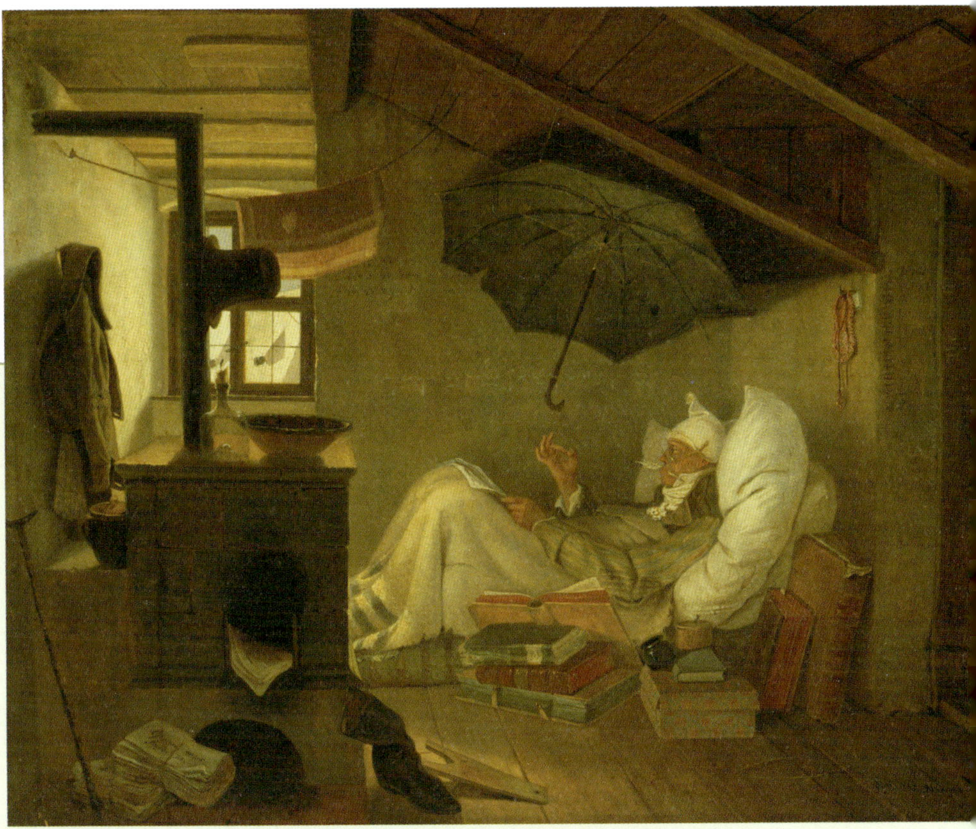

Carl Spitzweg: Der arme Poet, 1837,
Bayerische Staatsgemäldesammlungen – Neue Pinakothek, München

Werk. Sie bieten Anreize, es sich einzuprägen, um für die unterschiedlichsten Fragestellungen gewappnet zu sein. Sie verändern die Einstellung des Betrachters, allerdings kann er konkrete Erfahrungen, die er an einem Bild gemacht hat, nicht unbedingt auf das nächste Bild übertragen.

Vor- und Nachteile des Kunstquiz

Ein Quiz lässt sich bei vielen Gelegenheiten selbst in kurzer Zeit und auf engstem Raum spielen. Es bestätigt und erweitert Wissen. Im spielerischen Rahmen erleben die „Kandidaten" es positiv, Wissen zu erwerben, zu zeigen und zu überprüfen.

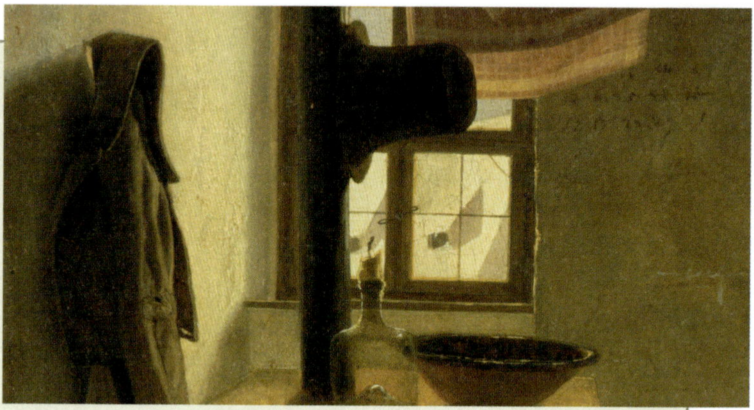

Carl Spitzweg: Der arme Poet, 1837, Detail

Durch die zufällige Mischung von Fakten entsteht ein „Wissenspatchwork". Der Zwang zu kurzen, eindeutigen Antworten lässt aber kaum komplexe Fragestellungen, Einschätzungen und Bewertungen zu. Ob das Quiz zu einer weiteren Auseinandersetzung mit dem Thema „Kunst" anregt, bleibt offen. Erstellt man dagegen selber ein Kunstquiz, werden produktive Prozesse in Gang gesetzt, wie die Wissensaneignung, um einen Gestaltungsspielraum für Fragen zu gewinnen, oder die Reflexion von Frageformen, Anspruchsniveaus und Wissenshierarchien.

Spielformen:
Für Partner, Gruppen und Klassen

Spielcharakter:
Fragespiel unter Wettbewerbsbedingungen, informativ, gruppendynamisch

Spielmaterial:
Spiele mit Fragekarten aus dem Handel, selbst produzierte Fragekarten

Spieldauer:
ca. 10-30 Minuten

Alter:
Ab 7 Jahren (Beobachtungsfragen),
ab 12 Jahren (Wissensfragen)

Kunstquizfächer

Das Quiz ist ein Gesellschaftsspiel, der Quizfächer ein Solitär, ein Spiel für eine Person. Quizfächer für Kinder und Jugendliche werden von Verlagen zu Themen aus Freizeit und Schule angeboten: Pferde, Autos, Allgemeinwissen, Grundkenntnisse für einzelne Jahrgangsstufen, Fremdsprachen etc.

Quiz en bloc

Der Quizfächer ist im Prinzip ein Päckchen miteinander verbundener Quizkarten. Man locht die Karten an einer Ecke und fügt sie mit einer Niete oder einer Buchschraube zu einem Block zusammen. Die Abfolge von Fragen und Antworten lässt sich auf zwei Arten organisieren. Entweder werden die Fragen auf der Vorderseite jeweils auf der Rückseite beantwortet, oder die Antworten folgen auf der nächsten Vorderseite. Die Rückseiten bilden als Fortsetzung eine zweite Einheit. Da sich die Karten nicht mischen lassen, stellt sich die Aufgabe, sie in einer sinnvollen, spannungsvollen und unterhaltsamen Abfolge zu sortieren.

Kunst auffächern

In Zusammenarbeit mit den Staatlichen Museen zu Berlin und seinen Besucherdiensten hat der Belser-Verlag „Kunstfächer" zu Meisterwerken verschiedener Epochen aus Berliner Museen veröffentlicht.[75] Der Fächer zum „19. Jahrhundert" stellt auf 32 Karten 30 Objekte –

Gemälde, Skulptur, Grafik, Design – durch jeweils eine Frageseite mit Bildausschnitt und eine Antwortseite mit Gesamtdarstellung vor, die mit kleinen Vergleichsabbildungen und Hintergrundinformationen („... schon gewusst?") angereichert sind. Der Umschlagtext verspricht: „Im spielerischen Umgang mit dem Fächer enthüllen spannende Fragen und Antworten mit jeder Karte eine neue Sicht auf das Kunstwerk in seiner Zeit."[76] Den Quizfächer sollte man nicht als verkaufsträchtige Verpackung von Informationen abtun. Das Taschenformat und die veränderbare Struktur, die Werkauswahl und die radikale Portionierung von Informationen laden den Benutzer ein, den Museumsbesuch mit dem Fächer „in die eigene Hand zu nehmen".

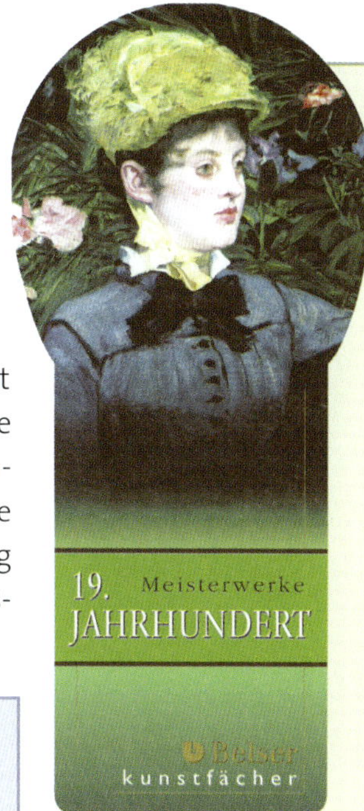

Meisterwerke 19. Jahrhundert. Belser Kunstfächer (Belser-Verlag) 2003

Spielformen:
Für eine Person oder Kleingruppen

Spielcharakter:
Informationsvermittlung, weckt Interesse und fördert das Bewusstsein für Werk- und Informationsauswahl

Spielmaterial:
Kunstfächer von Verlagen, selbst produzierte Kunstquizfächer

Spieldauer: ca. 30-45 Minuten

Alter: Ab 12 Jahren

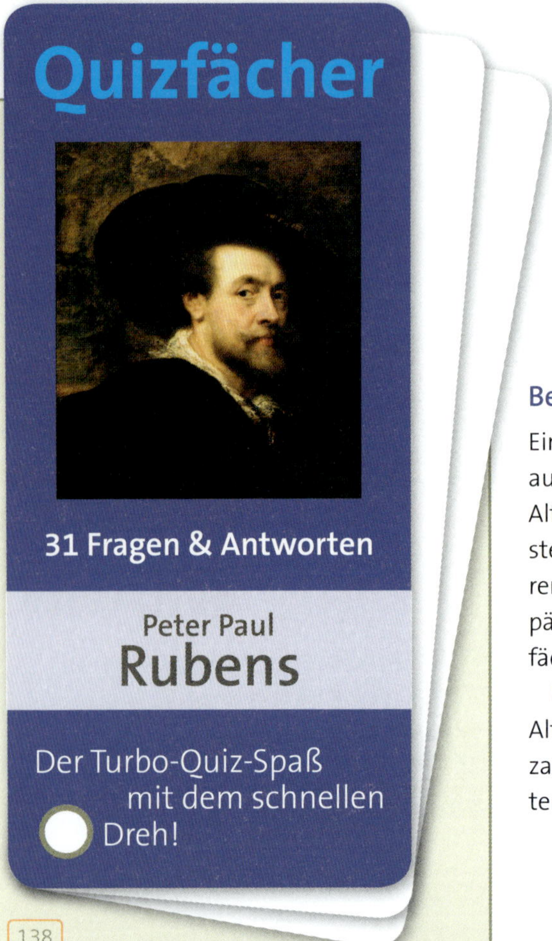

Beispiel aus dem Museum

Einen Kunstfächer zu einem Thema auszuarbeiten, kann eine attraktive Alternative zu einem Referat darstellen. So entwickelten Studierende im Rahmen einer museumspädagogischen Übung einen Quizfächer zu Peter Paul Rubens.[77]

Rubens bot sich an, weil er in der Alten Pinakothek in München mit zahlreichen Hauptwerken vertreten ist.

Dabei gingen die Studierenden folgendermaßen vor:

- → Sie wählten im Museum eine Reihe von Werken aus, mit denen sie sich im Kunstfächer beschäftigen wollten.
- → Anschließend nahmen sie eine Unterteilung in die Kapitel „Museum“, „Epoche“, „Künstlerbiografie“, „Maltechnik/Mittel“, „Werke“, ein „Hauptwerk“ genauer betrachtet vor.
- → Sie entwarfen ein Gestaltungskonzept: hochrechteckiges Format mit Platzierung der Abbildungen im oberen Drittel, farbliche Unterscheidung der Kapitel.
- → Für jede Karte entschieden sie, welchen interessanten Aspekt sie durch eine Frage herausstellen wollten. Dabei entwickelte sich eine Informationsstruktur von der Orientierung im Museum über allgemeine Informationen bis zur detaillierten Fokussierung auf ein Werk („Geißblattlaube“).

Ein Einzelbesucher kann den Fächer von Anfang bis Ende durchspielen oder sich die Themen heraussuchen, die ihn besonders interessieren. Für die Vermittlung in der Gruppe formulierten die Studierenden eine eigene Spielanleitung. Der Fächer wurde aufgeschraubt und nach Kapiteln verteilt. Jede Gruppe übernahm ein Kapitel, jeder Teilnehmer erhielt eine Fragekarte und notierte seine Antwort. Am Ende kamen alle Beteiligten zusammen und tauschten ihre Erkenntnisse aus.

5 Werke

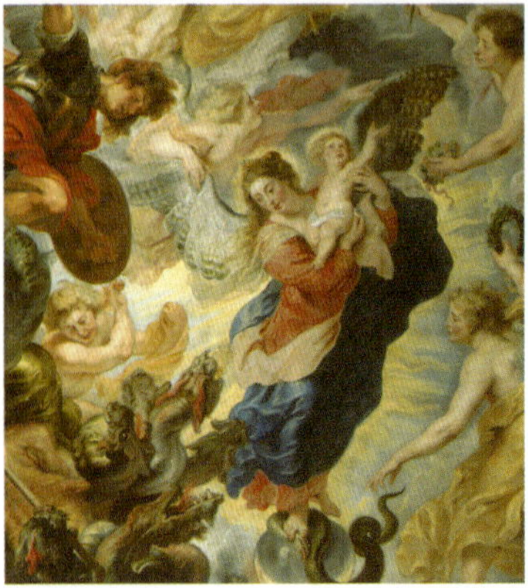

Frage 1: In welchen Werken von Rubens in der Alten Pinakothek erscheint der Erzengel Michael?

Antwort zur vorigen Frage 4.3: Der weiche, lockere Pinselstrich und die schwungvolle Linienführung sind typisch.

6 Hauptwerk

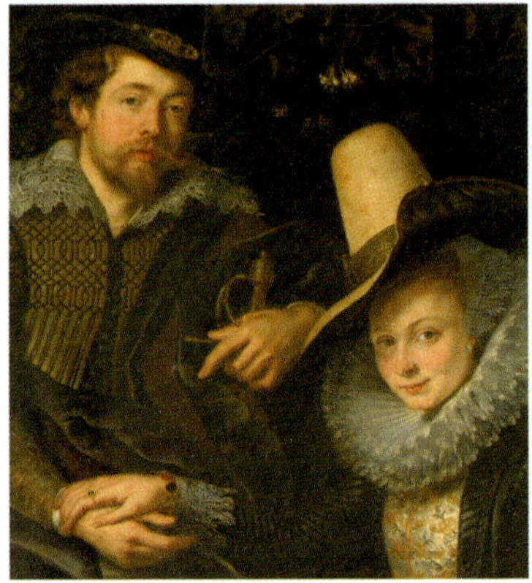

Frage 1: Wie alt sind wohl Rubens und seine erste Frau Isabella Brand auf diesem Bild?

Antwort zur vorigen Frage 5.12: c) Freising (wurde schließlich auch als Altarbild für den Freisinger Dom gemalt).

6 Hauptwerk

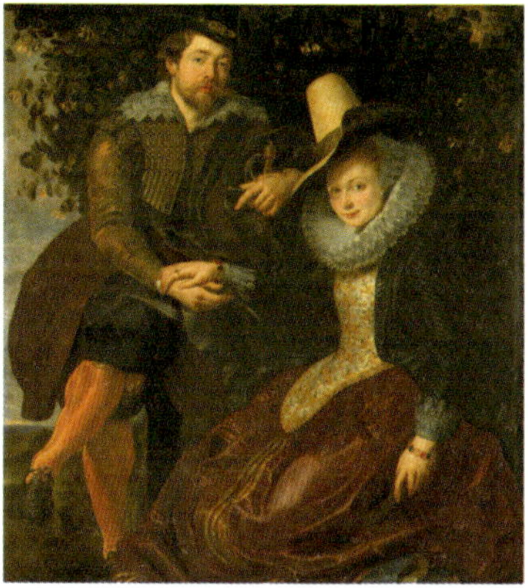

Frage 2: Warum malte Rubens sich und seine Frau gerade in einer Geißblattlaube?

Antwort zur vorigen Frage 6.1: 1609 Heirat als 32-Jähriger mit der 18-jährigen Isabella.

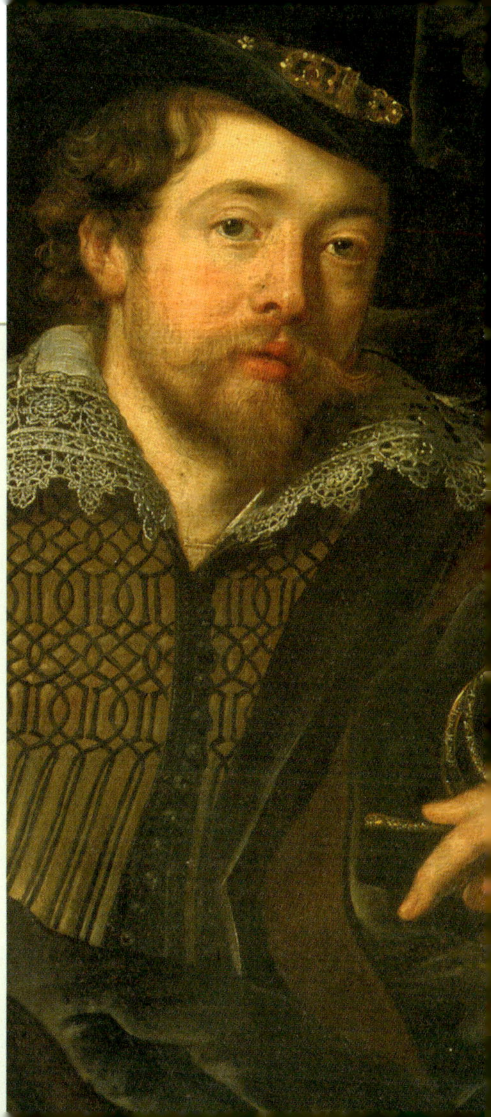

Kreuzworträtsel

Kreuzworträtsel, wie sie jeder aus Zeitschriften kennt, sind reine Schreibspiele und kommen ganz ohne Bilder aus.[78] Um die gesuchten Begriffe zu finden, greift man auf sein Allgemeinwissen zurück und/oder errät sie mit Hilfe der vorgegeben Wortlänge und der Buchstaben aus den sie überschneidenden Wortfeldern. Um ein Kunst-Kreuzworträtsel zu entwickeln, wird die Suche nach Begriffen mit der Untersuchung eines Bildes gekoppelt. Das Kunst-Kreuzworträtsel fordert so Kombinations- und Beobachtungsvermögen.

Kreuzworträtsel aus Eigenproduktion

Vorgefertigte Kreuzworträtsel zu Kunstwerken gibt es bisher kaum. Lehrer/Vermittler oder Schüler müssen sie selbst konzipieren.[79] Das ist im digitalen Zeitalter längst nicht so schwierig, wie es auf den ersten Blick scheint. Computerprogramme setzen die Lösungsbegriffe in Kästchenraster um.[80] Die geistige Arbeit übernehmen die Programme allerdings nicht. Die Teilnehmer müssen sich mit den „visuellen“ Gegebenheiten eines Bildes auseinandersetzen und Hintergrundwissen sammeln. Wollen sie auch Allgemeinwissen zur Kunst einbeziehen, bedienen sie sich am besten eines Kunstlexikons. Grundsätzlich kann man nach allem fragen, was sich mit einem Wort beantworten lässt (vgl. die Fragetypen im Kapitel „Kunstquiz“). Wie Beobachtungs- und Wissensfragen gemischt werden, hängt vom Alter und Vorwissen derer ab, für die das Kreuzworträtsel entworfen wird.

Bilder mit vielen Figuren und Einzelheiten bieten zahlreiche Ansatzpunkte für Fragen. Das Medium Kreuzworträtsel eignet sich besonders, auf Bilderzählung und Ikonografie sowie den Reichtum von ausschmückenden Details hinzuweisen.

Spielformen:
Für eine Person oder Kleingruppen

Spielcharakter:
Anreiz zur Kurzbeschäftigung mit einem Bild und relevantem Hintergrundwissen

Spielmaterial:
Selbst produzierte Kreuzworträtsel mit Lösungsblatt

Spieldauer:
ca. 10 - 15 Minuten

Alter:
Ab 14 Jahren

Beispiel aus dem Museum

Arnold Böcklin stellt auf seinem Gemälde „Pan im Schilf" (1859, München, Neue Pinakothek) den bockbeinigen Hirtengott dar, der sich vor der mittäglichen Hitze in den Schatten des hohen Schilfs zurückgezogen hat. Er bläst ein Lied auf seiner Panflöte, eine Anspielung auf eine Geschichte aus Ovids „Metamorphosen": Eine Nymphe entzog sich dem Zugriff des lüsternen Bocksgottes, indem sie sich in Schilfrohr verwandelte. Das Rauschen der Halme im Wind tröstete den Enttäuschten und er schnitt sich aus ihnen eine Flöte.

Zum Bild entwickelte eine Studentin[81] ein kleines Kreuzworträtsel, das hier in leicht veränderter Form vorgestellt wird.

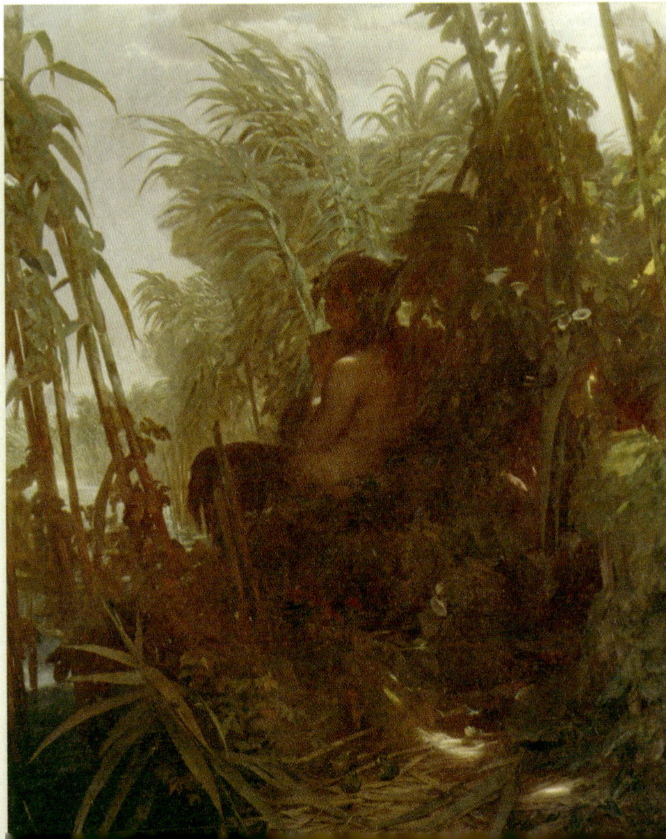

Arnold Böcklin:
Pan im Schilf, 1859,
Bayerische Staatsgemäldesammlungen –
Neue Pinakothek,
München

Drei Lösungswörter ergeben sich aus der genauen Betrachtung des Bildes (Nr. 1, 5, 6). Die anderen Fragen verlangen Hintergrundwissen, das die Teilnehmer aus den im Museum ausliegenden Katalogen herausfiltern können.

1) Welches Element (Erde, Feuer usw.) spielt im Bild eine besondere Rolle?
2) In welchem Land wurde Böcklin geboren?
3) Welchem Kunststil werden seine Bilder zugeordnet?
4) Aus welcher „Welt“ stammt Pan?
5) Wie ist die Luft in dem Bild?
6) Welche Stimmung vermittelt die Szene?
7) Welcher berühmte römische Dichter schrieb die „Metamorphosen“, in der die Geschichte von Pan erzählt wird?
8) Wie heißt die Nymphe, deren Verlust Pan betrauert?

(Die Auflösung des Kreuzworträtsels ist in den Anmerkungen zu finden.[82])

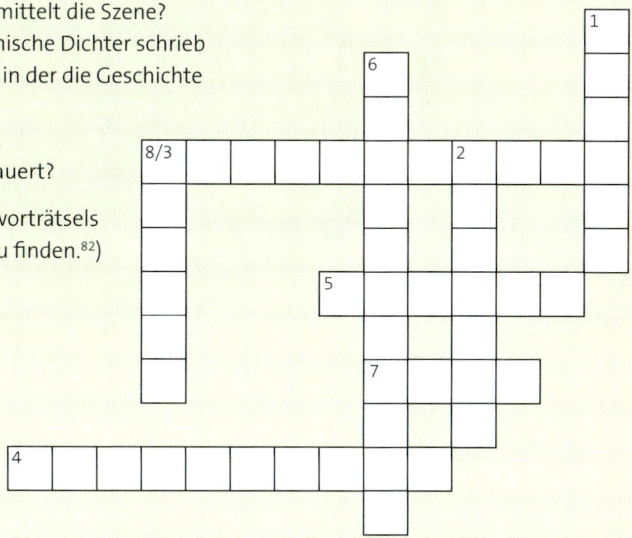

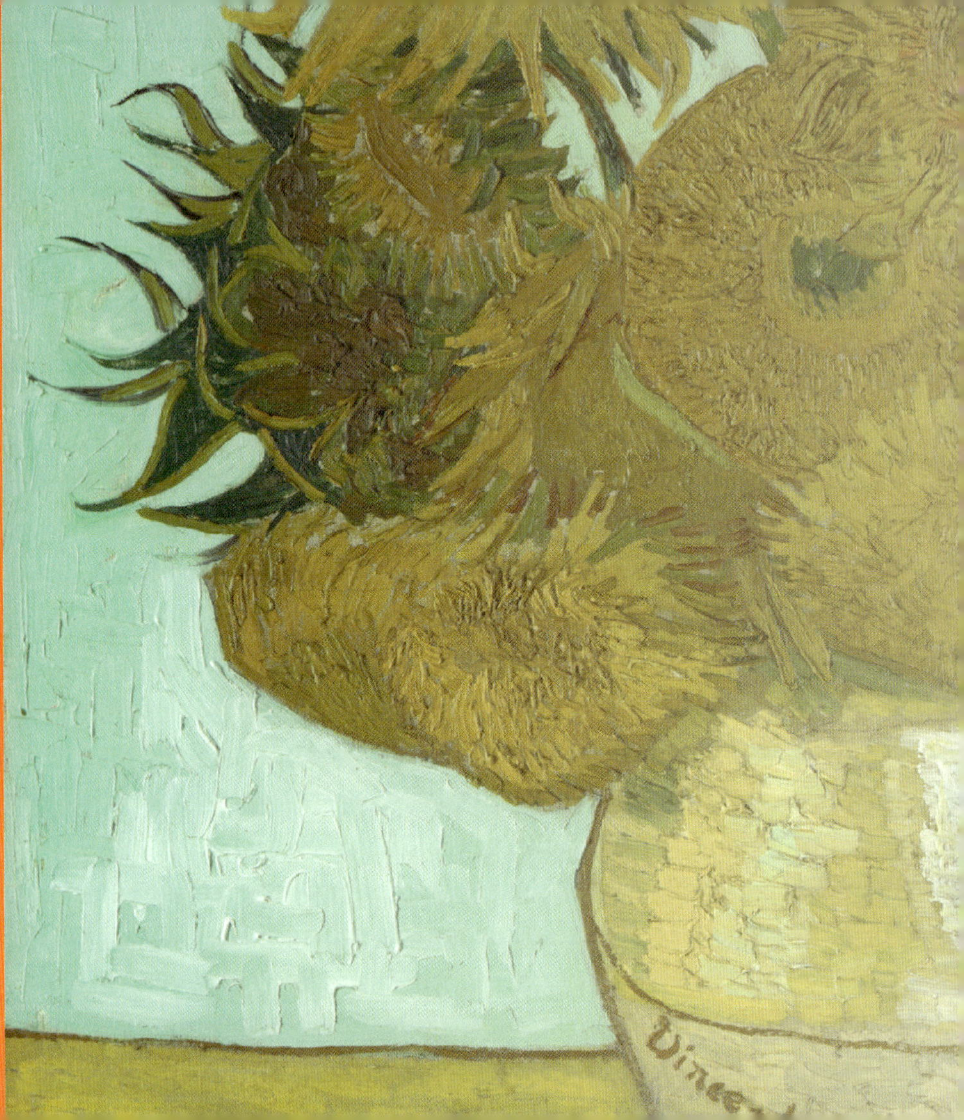

GESELLSCHAFTS-SPIELE ZUR KUNST

Zum Thema Kunst erschienen in den letzten Jahren opulente Gesellschaftsspiele: das „Prestel Kinder-Kunstspiel", das „Prestel Kunstspiel" und das „Spiel mit Kunst für Kinder" (beide inzwischen vergriffen) und das „Spiel mit Kunst" aus dem Belser-Verlag.[83]

Die Spiele kombinieren verschiedene Spieltypen in ansprechender Form:

→ Spielbretter mit Aufgabenfeldern,
→ Bildkarten mit Beispielen aus der Kunstgeschichte von den Anfängen bis zur Gegenwart (50, 72, 100 bzw. 300 Karten),
→ Zufallsgeneratoren (Drehscheibe, Würfel),
→ Aufgaben- und Fragekarten (teilweise auf der Rückseite der Bildkarten),
→ kunstgeschichtliche Informationsmaterialien (Begleitheft mit Kurztexten zu den Bildern, Lernposter),
→ Materialien, die den Fortschritt einzelner Spieler im Spielverlauf dokumentieren (Puzzle, Skulptur aus zusammensteckbaren Elementen, Chips).

Die Grundidee der Gesellschaftsspiele: der abwechslungsreiche Umgang mit einem Pool von Kunstwerken durch verschiedenartige Aufgaben.

„Mit viel Spaß die Kunst entdecken!“

Die Gestalter versuchen einen Spagat zwischen Spielspaß und Bildungsanspruch: „Phantasie, Kreativität, Wissen, Spaß“[84] verspricht das „Prestel Kunstspiel“. Bei den Spielen für Kinder setzen sie auf Beobachtungsfragen, in den Erwachsenenspielen auf eine Mischung aus Wissensfragen, Einschätzungen/persönlichen Bewertungen und assoziativen Aufgaben. Im Folgenden gehen wir auf die letztgenannten Aufgabenstellungen ein, die nicht, wie Quizfragen, bereits in anderen Kapiteln behandelt wurden.

„Spiel mit Kunst für Kinder“

Der Belser Verlag hebt in seinem „Spiel mit Kunst für Kinder“ die pädagogische Verbindung von „Spielen + Lernen“ hervor:
„Was fördert dieses Spiel?

- → Wissen über die Kunst
- → Genaues Schauen und schnelle Reaktion
- → Konzentration und Merkfähigkeit
- → Logisches Kombinieren
- → Verbale Ausdrucksfähigkeit“

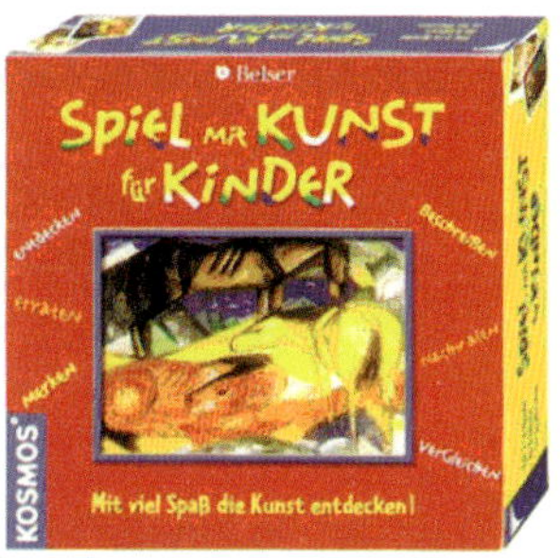

Das Spiel verzichtet auf ein Spielbrett, stattdessen werden 24 Bildkarten zu einer „Ausstellung“ ausgelegt. Zur „Ausstellung“ werden Aufgaben in Form von Kärtchen aus einem Stoffsack gezogen.

→ „Entdecke“

Dabei gilt es einen Begriff („Hand“, „Landschaft“ etc.) so schnell wie möglich auf den Bildern zu entdecken.

→ „Errate“ oder „Erkenne“

Der Spielleiter beschreibt oder zeichnet ein Bild der „Ausstellung“. Die anderen sollen es erraten. „Besonders spannend wird es, wenn der Leiter einen Hinweis nach dem anderen gibt und zuerst mit Merkmalen anfängt, die auf mehreren Bildern zu sehen sind. Es kann auch interessant sein, mit einem kleinen Ausschnitt anzufangen, der schwer zu entdecken ist.“[85]

→ „Schätze“

Die Spieler suchen das nach ihrer Einschätzung älteste oder jüngste Bild der „Ausstellung“ heraus. Als Orientierungshilfe gibt es ein „Lernposter“.

„Prestel Kinderkunstspiel“ und „Prestel Kunstspiel“

Die Spielgestalter des Prestel-Verlags setzen auf Spielbretter mit Aufgabenfeldern:

→ Übereinstimmung von Assoziationen:

„Gedankenblitze“ („Kunstspiel“)

Die Spieler notieren drei assoziative Begriffe zu einem Reizwort. Für Übereinstimmungen mit anderen Spielern gibt es Punkte.

→ Begriffe erraten: „Malfeld“ und „Theaterfeld“ („Kinderkunstspiel“): Wenn ein Spieler auf eines dieser Felder kommt, muss er einen Begriff erraten, den ein anderer Mitspieler zeichnet, umschreibt oder pantomimisch darstellt. In der Erwachsenenversion heißen diese Felder „Zeichentrick“ und „Quasselstrippe“.

→ Zuordnung von Meinungen zu Personen:
„Tippspiel“ („Kunstspiel“)
Dabei versucht ein Spieler zu erraten, welche Meinung oder Einschätzung zu einer Frage sich hinter welcher Person versteckt.

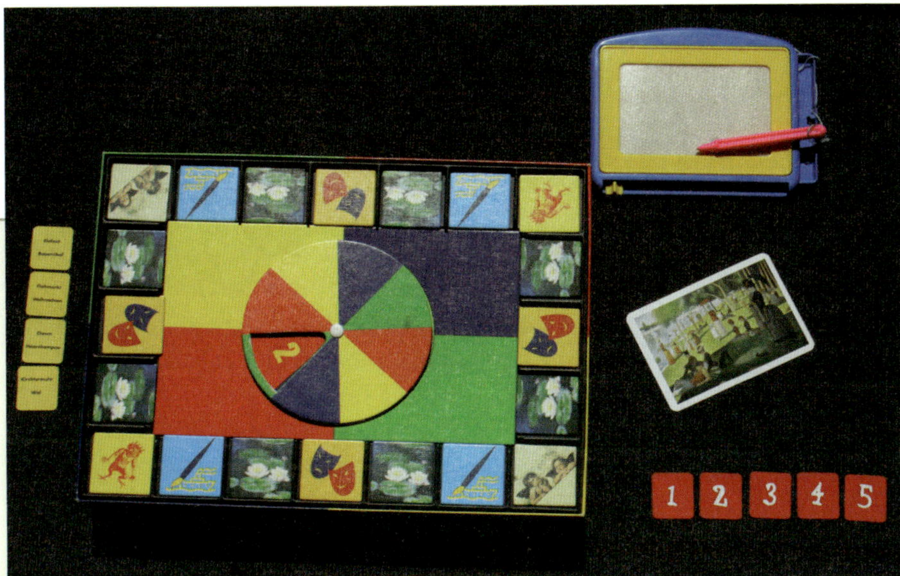

Spielfeld des „Prestel Kinderkunstspiels“

Assoziative Aufgaben werden in ähnlicher Form in vielen Gesellschaftsspielen angewandt, um das Spiel aufzulockern und die Interaktion zu fördern. Sie fördern die Auseinandersetzung mit der Kunst nur im weiteren Sinne, sind aber in ihrer Verzahnung mit den „trockeneren" Wissensaufgaben motivationssteigernd.

Anregungen für eigene Spielentwürfe

Die Gesellschaftsspiele bieten einen idealen Einstieg, um sich in der Familie oder im Freundeskreis der Kunst zu nähern. Sie eignen sich aber nur bedingt für den Einsatz im Schulunterricht oder Museum, da sie zu viel Zeit in Anspruch nehmen.[86] Dennoch können sie in der Schule oder im museumspädagogischen Einsatz Schüler/Teilnehmer anregen, eigene Spiele zu entwerfen.

Als Anstoß für eigene Ideen können die Teilnehmer die Gesellschaftsspiele spielen und anschließend analysieren:

- → Welche Spielformen werden eingesetzt, und wie werden sie kombiniert?
- → Welche Materialien werden dazu gebraucht?
- → Wie formuliere ich die Spielregeln kurz, klar und leicht verständlich?
- → Welchen Stellenwert hat eine ansprechende Gestaltung?

Wie sich aus einem Fundus von Bildkarten neue Spiele entwickeln lassen, wird im nächsten Abschnitt („Bildreservoir-Spiele") besprochen.

Spielformen:
Für Kleingruppen

Spielcharakter:
Gesellschaftsspiel mit opulenter Ausstattung, Spielspaß und Wissensvermittlung durch eine Mischung aus Quiz, Beobachtungs- und Anmutungsaufgaben

Spielmaterial:
Spielbrett, Bild-, Fragen- und Aufgabenkarten, Figuren, Würfel, Informationshefte etc.

Spielerzahl/Spieldauer/Alter:
„Spiel mit Kunst für Kinder“:
2-4 Spieler / ca. 30 Minuten / ab 8 Jahren

„Spiel mit Kunst“:
3-6 Spieler / ca. 60-90 Minuten / ab 14 Jahren

„Prestel Kinderkunstspiel“(vergriffen):
2-5 Spieler / keine Angabe / ab 7 Jahren

„Prestel Kunstspiel“ (vergriffen):
3-7 Spieler / ab 12 Jahren / keine Angabe

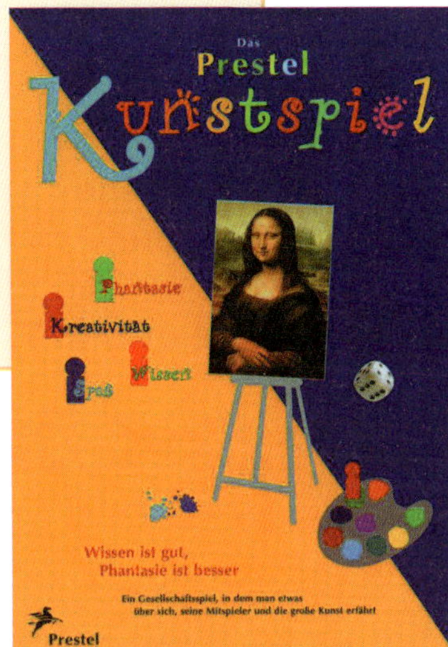

Bilderreservoir-Spiele

Legt eine Gruppe 100 Kunstpostkarten oder die 100 Bildkarten des „Prestel Kunstspiels“ auf dem Boden aus, so haben die Teilnehmer einen kunterbunten, vielgestaltigen Bilderteppich vor Augen – Kunstgeschichte en miniature. Während sie die Vielfalt in sich aufnehmen, fängt ihr Verstand an, mit den visuellen Informationen zu „spielen“. Es behagt dem menschlichen Wahrnehmungsapparat nicht, dieses Bilderreservoir als ein sinnloses „Sammelbecken“ (franz. „réservoir“) stehen zu lassen. Unwillkürlich wandern die Augen vergleichend hin und her. Die Betrachter suchen Ordnungen und Beziehungen herzustellen. Im Gegensatz zum Quartett geht das Spiel nie ganz auf. Die Aufmerksamkeit stellt einzelne Bilder unter hypothetischen Kriterien zusammen. Wird ein Kriterium verworfen, sinken diese Bilder wieder in das „Sammelbecken der Möglichkeiten“ zurück.

Spielansätze: Regeln und Kriterien

Im Gegensatz zu Bilderfolgen in Büchern, die wissenschaftlichen oder didaktischen Argumenten folgen, ist die Zusammenstellung in Bilderreservoirs unbestimmt und offen. Weder Moderator noch Spieler wissen genau, wohin das Spiel führen wird. Dies kann ein ungewöhnlicher spielerischer Anreiz sein!

Bei der radikalsten Spielvariante legt der Vermittler Bilder aus und zieht sich ohne konkrete Handlungsanweisung zurück. Die Spieler müssen aus sich heraus Strategien entwickeln, mit dem Bilderfundus umzugehen. Können die Spieler mit dieser völlig offenen Situation nicht umgehen, kann der Vermittler Hilfen in Form von Regeln oder Kriterien anbieten.

Beispiele für **formale** Regeln:

- → Lege möglichst viele Bilder zu Paaren zusammen!
- → Bilde Gruppen von Bildern!
- → Wähle eine kleine Zahl von Hauptbildern aus, und ordne einen Kranz von Nebenbildern um sie!
- → Reihe Bilder zu Folgen aneinander!
- → Ordne Bilder zu Netzen und verbinde sie mit Beziehungszeichen (wie Linien und Pfeilen)!

Beispiele für **inhaltliche** Kriterien / Auswahl nach:

- → individuellen Vorlieben
- → Motiven / Themen
- → assoziativen Verbindungen
- → Epochen / Stilen
- → Gattungen
- → irrationalen und absurden Kombinationen (um grundsätzliche Haltungen offenzulegen oder neue Ideen zu generieren)
- → Ähnlichkeiten
- → Übereinstimmungen in Details
- → Kontrastbildern
- → früher und heute

Bilderreservoir und Original

Bilderreservoirs zur Kunst können jede Art von Bildern enthalten: Reproduktionen von Kunstwerken, Fotos, Zeichnungen, Farbkarten, Strukturen etc. Die Bilder können zufällig oder nach konkreten Bezügen zu einen Kunstwerk ausgewählt werden. Wenn zum Beispiel ein gezielt ausgewähltes Bildreservoir vor dem Original ausgebreitet wird, können die Teilnehmer dessen visuellen Kontext (Vor- und Nachbilder, Werkgruppen, Stil und Epochentypisches) rekonstruieren. Solche Zuordnungsstrategien kennen die Teilnehmer aus dem Unterricht. Beim Umgang mit dem Bildmaterial denken sie vielleicht daran, wie der Vermittler argumentieren würde, versuchen auf gesicherte Beziehungsgeflechte zu treffen. Ein sehr heterogener Bilderfundus – Gegenbilder, Bilder aus anderen Medien, große gestalterische Unterschiede, verschiedene Kulturkreise und Epochen – provoziert im ersten Moment Ratlosigkeit. Offenheit und Vorurteilslosigkeit sind gefragt, aus einem Original an der Wand und dem kulturellen „Fleckenteppich" unterschiedlichster Bilder subjektive Beziehungen aufzubauen, in der Gruppe vorzustellen und für sie einzutreten.

„Herumspielen" und „Be-Greifen"

Originale dürfen die Besucher nicht anfassen, die Bilder aus dem Reservoir hingegen schon. Es geht ein unmittelbarer Reiz davon aus, Bilder in die Hand zu nehmen und mit ihnen „herumzuspielen". Sortieren und Ordnen ist für viele Kinder, Jugendliche und Erwachsene eine lustvolle

Spielformen:
Für Gruppen und Klassen

Spielcharakter:
Offenes Kombinationsspiel, inspiriert dazu, Beziehungen zu entdecken und zu konstruieren

Spielmaterial:
Jegliche Art von Kunstreproduktionen in kleinem Format (Überschaubarkeit)

Spieldauer:
20/30 Minuten und länger

Alter:
Ab 10 Jahren

Tätigkeit per se. Viele Teilnehmer beginnen ohne Aufforderung, das vor ihnen ausgelegte Bildmaterial mit den Händen „aufzunehmen“ und beim Ablegen sinnvoll zu sortieren. Bildreservoirs sind dann besonders anregend, wenn sich viele verschiedene Sortierungen als fruchtbar erweisen. Die Teilnehmer verständigen sich, was sie verwenden und was sie aussortieren wollen. Aussondern ist eine abwertende Tätigkeit. Irrelevantes wird beiseitegeschoben. So tasten sich die Teilnehmer an die Bewertung von größeren Bildmengen heran, eine Kompetenz, die in Zeiten einer immer weiter anschwellenden Bilderflut von zentraler Bedeutung ist.

Stärken von Bilderreservoir-Spielen

Wenn wir anderen beim Sortieren zuschauen, erfahren wir, wie unsere Mitspieler Begriffe und Kriterien bilden. Bildanalyseprozesse werden im spielerischen Gruppieren und Verschieben von Bildern unmittelbar anschaulich. Wenn die Spieler diese Prozesse zusätzlich kommentieren, teilen sie ihren Mitspielern ihre visuellen und reflexiven Einsichten auf besonders einprägsame Weise mit.

Bilderreservoir-Spiele fordern und fördern die Fähigkeit, eigene Kriterien auszubilden oder den in der Auswahl angelegten Möglichkeiten eine persönliche Färbung zu verleihen.

Argumente für spielerischen Umgang mit Kunstwerken

Zum Abschluss sollen die Stärken des spielerischen Umgangs mit Kunstwerken in sieben Argumenten zusammengefasst werden:

Neugier und Erkunden

Spiele bauen auf die natürliche Neugier der Kinder, Jugendlichen und Erwachsenen. Sie befriedigen und stimulieren Neugier. Sie rechnen mit der Freude am Erkunden, der Spielregel Richtung zu geben und Grenzen zu setzen. Dabei bewegen sich die Spieler in einem reizvollen Spannungsverhältnis zwischen Fremdbestimmung durch Inhalte und Regeln und Selbstbestimmung durch deren Ausgestaltung. Neugier signalisiert Offenheit, eine ideale Voraussetzung für die Begegnung mit Kunstwerken. Denn diese öffnen sich nur, wenn wir uns öffnen.

Aufmerksamkeit und Konzentration

Spiele fordern und fördern Aufmerksamkeit und Konzentration. Während Spieler sich auf ein Spiel einlassen, werden sie aufnahmebereit und konzentriert. Beide geistigen Haltungen ergeben sich wie von selbst, werden nicht als lästige Forderung von außen wahrgenommen.

Wissen um Regeln

Wie Spiele nach Regeln gespielt werden, so orientieren sich Künstler oft an Regeln, mit deren Hilfe sie ihre Kunstwerke schaffen. Das Wissen um die Regeln der Kunst und die Regeln der Kunstwahrnehmung macht Kunstwerke erst verständlich. Gute Vermittlung stellt dieses Regelwissen den Betrachtern zur Verfügung und animiert sie, es am Kunstwerk zu erproben.

Reservoirs des Bildgedächtnisses

Was für das Erlernen einer Sprache die Kenntnis von Vokabeln und Formulierungen ist, das ist für das Verständnis von Kunst die Erinnerung an Bilder und Motive. Ein uns unbekanntes Bild können wir nur verstehen, indem wir die neuen Eindrücke mit Seherfahrungen in unserem Bildgedächtnis „durchspielen".

Interaktives Zusammenspiel

Spiele aktivieren und befreien die Kunstbetrachter aus ihrer passiven Rolle. Spiele, in denen Beobachtungen, Wissen und Meinung ausgetauscht werden, ermutigen, Kunstwerke durch Kommunikation zu entdecken.

Impulse für die Kreativität

Der spielerische Umgang mit einem Problem ist eine Grundvoraussetzung für Kreativität. Je spielerischer wir mit Kunstwerken umgehen, desto mehr nähern wir uns der Möglichkeit, selbst gestalterisch aktiv zu werden und das Gesehene in eigenen „Spielvarianten" zu erproben.

Produktiver Zeitvertreib

Im Spiel verliert die Begegnung mit Kunstwerken den Beigeschmack des kulturellen Pflichtprogramms. Mit dem Spiel verbinden wir Unterhaltung, Spaß und Lust. Lustvolle Erfahrungen wiederholt man gern. Aus der Wiederholung erwächst Erfahrungsgewinn. Warum also nicht den Kunstwerken unterhaltsame Seiten abgewinnen, um Kinder, Jugendliche und Erwachsene immer wieder zur Kunst zu bringen.

Hinweise auf Spiele und Literatur

Spiele

Art Memo Game. Wien (Piatnik-Verlag) 1992

Art Omino. Fine Arts. Wien (Piatnik-Verlag)

Art Omino. Impressionists. Wien (Piatnik-Verlag)

Art'quadrat. Krefeld (Remember Products)

Colour couple. Wer findet die meisten Farbpaare? München (Siebensachen) 2003

Deluxe Puzzle: A. Altdorfer. Die Alexanderschlacht. 1500 Teile. Ravensburg (Otto-Maier-Verlag) 1971

Förderkreis Jugend im Museum Staatliche Kunsthalle Karlsruhe (Hrsg.): Hut ab! Ein Quartettspiel der Museumspädagogik. Karlsruhe 1993

Gemäldegalerie Berlin, Staatliche Museen Preußischer Kulturbesitz: Pieter Bruegel d. Ä. Die Niederländischen Sprichwörter. Puzzle 3000 Teile. (Otto-Maier-Verlag) Ravensburg 1977

Grubbe, Gerhard: Kunstbox. Kunstfälschern auf der Spur. München, London, New York (Prestel-Verlag) 2003

Hostettler, Urs: Anno Domini – Kunst (Abacusspiele)

Kleiner Designer. Querform. Produktgestaltung. München o. J.

Kunsthaus Zürich (Hrsg.): Kunstöffner. Zürich (Benteli-Verlag) 2006

Monet Memo Game. Wien (Piatnik-Verlag) 1995

Museums-Memo. Österreichische Galerie Belvedere. Wien o. J.

Pocket-Quiz: Kunst & Literatur. 150 Fragen. Kempten (Moses-Verlag) 2002

Das Prestel Kinderkunstspiel. München, London, New York (Prestel-Verlag) 2000

Das Prestel Kunstspiel. Konzeption Funtasy Factory. München, New York (Prestel-Verlag) 1998

Das Prestel Memo-Kunstspiel Bild im Bild. München, London, New York (Prestel-Verlag) 2001

Das Prestel Memo-Kunstspiel Paare. Alte und Neue Pinakothek München. München, London, New York (Prestel-Verlag) 2001

Slanina, Sabine: Meisterwerke 19. Jahrhundert. Belser Kunstfächer. Stuttgart (Belser-Verlag) 2003

Spiel mit Kunst für Kinder. Stuttgart (Belser-Verlag) 2004

Das Spitzweg-Spiel. Stuttgart (Belser-Verlag) 2003

Stanger, Annette/Lüdtke, Wolfgang: Spiel mit Kunst. Kunst erleben von den Anfängen bis zur Gegenwart. Stuttgart (Belser-Verlag) 2000

Stuhl-Quartett. Kestner-Museum

Westphal, Uwe: Das Bauhaus-Memorybuch. Köln (Fleurus-Verlag) 2005

Zimpfer, Moritz: Farben ordnen. Mit Farben spielen. Sulgen/Zürich (Niggli-Verlag) 1997

Literatur

Ausstellungskatalog Dresden 2005: Spielen. Zwischen Rausch und Regel. Hrsg. vom Deutschen Hygiene-Museum

Ausstellungskatalog Frankfurt a. M. 2004: Kunst – ein Kinderspiel. Hrsg. von Max Hollein und Gunda Luyken

Kunst und Spiel seit Dada. Faites vos jeux! Ausstellungskatalog Vaduz, Berlin, Siegen 2005/2006. Hrsg. von Nike Bätzner. Ostfildern-Ruit 2005

Baer, Ulrich/Dietrich, Knut/Otto, Gunter (Hrsg.): Spielzeit. Spielräume in der Schulwirklichkeit. Friedrich Jahresheft XIII. 1995

Bannasch, Bettina: Memory. In: Pethes, Nicolas/Ruchatz, Jens (Hrsg.): Gedächtnis und Erinnerung. Ein interdisziplinäres Lexikon. Reinbek bei Hamburg 2001, S. 368/369

Bertscheit, Ralf: Bilder werden Erlebnisse. Mitreißende Methoden zur aktiven Bildbetrachtung in Schule und Museum. Mühlheim an der Ruhr 2001

Busse, Klaus-Peter: Bildumgangsspiele: Kunst unterrichten. Norderstedt 2004 (Dortmunder Schriften zur Kunst. Studien zur Kunstdidaktik Bd. 2)

Caillois, Roger: Die Spiele und die Menschen: Maske und Rausch. Frankfurt/M., Berlin, Wien 1983 (1. Aufl. 1958)

Cremer, Claudia/Drechsler, Michael/Mischon, Claus/Spall, Anna: Fenster zur Kunst. Ideen für kreative Museumsbesuche. Berlin, Milow 1996

Czech, Alfred: „Original und Fälschung“. Eine spielerische Form der Bildbetrachtung. In: Museums-Pädagogisches Zentrum München: Tätigkeitsbericht 2006, S. 81-85

Deem, Georg: Täuschend echt. Die Kunst des Sehens. München, Wien 2004

Dürr Reinhard, Franziska: 10 x 10 Kunstbegegnungen: Eine Aufgabensammlung auf 100 A5-Postkarten mit Motiven aus der Aargauer Kunstsammlung. Zofingen 1990

Erdmann, Kristen/Büchi, Beda/Balzarini, Simonetta (Hrsg.): Monet in a Box. Das Museum zum Mitnehmen. Basel 2005

Glonnegger, Erwin: Das Spiele-Buch. Brett- und Legespiele aus aller Welt. Herkunft, Regeln und Geschichte. München, Ravensburg 1988

Heimlich, Ulrich: Einführung in die Spielpädagogik. Eine Orientierungshilfe für sozial-, schul- und heilpädagogische Arbeitsfelder. 2. überarb. und erw. Aufl. Bad Heilbrunn 2001

Huizinga, Johan: Homo ludens. Vom Ursprung der Kultur im Spiel. Reinbek 1994 (1. Ausg. 1938)

Jooss, Birgit: Lebende Bilder. Körperliche Nachahmung von Kunstwerken in der Goethezeit. Berlin 1999

Klippert, Heinz: Methoden-Training. Übungsbausteine für den Unterricht. 14. Aufl. Weinheim, Basel 2004

Kunstforum H. 176 (Juni-August 2005): Kunst und Spiel I

Kunstforum H. 177 (Nov. 2005-Jan. 2006): Kunst und Spiel II

Kunst+Unterricht H. 274/275 (Aug./Sept. 2003): Spiel.

Liebelt, Udo: Kunstspiel. Das Kinderforum im Museum Sprengel Hannover. Aktionen 1978 bis 1985 und viele Anregungen zum Mitmachen. Hannover 1985

Oerter, Rolf: Psychologie des Spiels. Weinheim, Basel 1999

Rittelmeyer, Christian/Michael Parmentier: Einführung in die pädagogische Hermeneutik. Darmstadt 2001

Scheuerl, Hans: Das Spiel. Untersuchungen über sein Wesen, seine pädagogischen Möglichkeiten und Grenzen. Weinheim, Basel 1979 (1. Ausg. 1952)

Scholz, Freimut: Bilder erleben. Regensburg 1989 (Wolf-Handbücher: Spaß in der Schule)

Wehrli, Ursus: Kunst aufräumen. Zürich 2002

Wenzel, Tanja: Geregelte Grenzüberschreitungen. Das Spiel in der ästhetischen Bildung. München 2005

Winnicott, Donald W.: Vom Spiel zur Kreativität. 6. Aufl. Stuttgart 1992 (1. Ausg. London 1971)

Anmerkungen

1 Museumspädagogische Übungen für das Kunstpädagogische Institut der Ludwig-Maximilians-Universität in den Sommersemestern 2005 („Kunstspiele I“) und 2006 („Kunstspiele II“).

2 Die Beispiele sind aus Münchner Museen gewählt und vor Originalen erprobt.

3 Huizinga, Johan: Homo ludens. Vom Ursprung der Kultur im Spiel. Reinbek 1994.

4 Wien, Kunsthistorisches Museum. Das Bild aus pädagogischer Sicht: Rittelmeyer, Christian/Parmentier, Michael: Einführung in die pädagogische Hermeneutik. Darmstadt 2001, S. 89-102.

5 Zum spielerischen Umgang mit dem Bild vgl.: Scholz, Freimut: Bilder erleben. Regensburg 1989 (Wolf-Handbücher: Spaß in der Schule), S. 18-25.

6 Kunst und Spiel seit Dada. Faites vos jeux! Ausstellungskatalog Vaduz, Berlin, Siegen 2005/2006. Hrsg. von Nike Bätzner. Ostfildern-Ruit 2005.

7 Siebdruck auf Vinyl, Magnete, Metall und Plexiglas. 50 Exemplare. Druck: Maurel Studios (Shiela Marbain, master printer). Hrsg.: Multiples Inc., New York

8 Kunstform 177: Kunst und Spiel I, S. 48/49.

9 Vgl. Freericks, Renate/Theile, Heike/Brinkmann, Dieter (Hrsg.): Nachhaltiges Lernen in Erlebniswelten? Modelle der Aktivierung und Qualifizierung. Bremen 2005.

10 „So gibt es Spiele, für deren Gelingen der Eifer, die Aktivität, die ‚Askese‘ des Dienens die günstigsten Haltungen sind. Andere Spiele erfordern wiederum Gelöstheit, Behutsamkeit, äußerte Zurückhaltung jeden aktiven Wollens. Allein dem ästhetischen Spiel gegenüber gibt es eine ganze Skala von möglichen Haltungen“ (vgl. Scheuerl, Hans: Das Spiel. Untersuchungen über sein Wesen, seine pädagogischen Möglichkeiten und Grenzen. Weinheim, Basel 1979, S. 225).

11 „Pädagogisch kann als Spielerei jede solche Art des Betreibens von Spielen bezeichnet werden, die den Spieler nicht bindet und ihn daher auch nicht zu ernsthaften, möglicherweise angestrengten, in jedem Falle aber aufmerksam auf das Spiel konzentrierten Leistungen verpflichtet“ (Scheuerl 1979, S. 222).

12 „Die ‚Überlistung‘ besteht gar nicht darin, dass das Lernen verborgen wird, sondern darin, dass sich der Auftraggeber des Lernens verbirgt“ (Scheuerl 1979, S. 215).

13 Scheuerl 1979, S. 213.

14 Scheuerl 1979, S. 214.

15 Vgl. Zacharias, Wolfgang: Raus in die Stadt! Erkundungsspiele. In: Baer, Ulrich/ Dietrich, Knut/Otto, Gunter (Hrsg.): Spielzeit. Spielräume in der Schulwirklichkeit. Friedrich Jahresheft XIII. 1995, S. 54-56.

16 Bilder mit Rahmen oder anderen Hilfsmitteln betrachten.
Vgl. Bertscheit, Ralf: Bilder werden Erlebnisse. Mitreißende Methoden zur aktiven Bildbetrachtung in Schule und Museum. Mühlheim an der Ruhr 2001, S. 64 („Fernrohr" verwenden).

17 Bertscheit 2001, S. 72.

18 Die „HÖRZU" widmet „Original und Fälschung" jeweils eine ganze Seite und begleitet die Bilder mit einem kurzen Informationstext als Randleiste.
Vgl. Schirrmacher, Frank: Mit der Kunst kam die Fälschung. In: HÖRZU Nr. 49/2006, S. 70-71.

19 Grubbe, Gerhard: Kunstbox. Kunstfälschern auf der Spur. München, London, New York (Prestel-Verlag) 2003.

20 „Original und Fälschung". Eine spielerische Form der Bildannäherung. In: Museums-Pädagogisches Zentrum: Tätigkeitsbericht 2006. München 2007, S. 81-85.

21 Bertscheit 2001, S. 56, und Ohde, Melanie / Wiederhold, Karl, A.: Mit Grundschulkindern das Kunstmuseum entdecken. Donauwörth 1994.

22 Guggenheim, 55 traditionelle Spielkarten. Mit 18 modernen Gemälden aus dem Guggenheim Museum of Modern Art.

23 Verschiedene Varianten: ART PACK, 54 Meisterwerke, Spielkarten (beinhaltet 54 Abbildungen der bekanntesten Maler von Michelangelo bis Monet). Kartenspiel „Self Portrait Pack" (55 Spielkarten).

24 Alle Karten auf den Tisch. Geschichte der standardisierten Spielkarten aller Welt, 2 Bände, Ausstellungskatalog Deutsches Spielkartenmuseum Leinfelden-Echterdingen. Marburg 1990. Hoffmann, Detlef: Kultur- und Kunstgeschichte der Spielkarte. Marburg 1995.

25 Recherche, Gestaltung und Produktion: Andrea Weniger. Die Karten im Format 10 x 6,5 cm sind mit einer einheitlichen Rückseite beklebt und laminiert. So sind sie widerstandsfähiger und fassen sich wie „richtige" Spielkarten an.

26 Förderkreis Jugend im Museum Staatliche Kunsthalle Karlsruhe (Hrsg.): Hut ab! Ein Quartettspiel der Museumspädagogik. Karlsruhe 1993.

27 Beispiel für ein Quartett zum Design: Stuhl-Quartett. Kestner-Museum.

28 Glonnegger, Erwin: Das Spiele-Buch. Brett- und Legespiele aus aller Welt. Herkunft, Regeln und Geschichte. München, Ravensburg 1988, S. 104.

29 Deluxe Puzzle: A. Altdorfer. Die Alexanderschlacht. 1500 Teile. Ravensburg (Otto Maier Verlag) 1971.

30 Gemäldegalerie Berlin, Staatliche Museen Preußischer Kulturbesitz: Pieter Bruegel d. Ä.: Die Niederländischen Sprichwörter. Puzzle 3000 Teile. Ravensburg (Otto-Maier-Verlag) 1977.

31 Glonnegger 1988, S. 106.

32 Glonnegger 1988, S. 107.

33 Museums-Memo. Österreichische Galerie Belvedere. Wien o. J.

34 Monet Memo Game. Wien (Piatnik-Verlag) 1995.

35 Vgl. Schilling, Andrea/Harms, Henning: „Art-ory“. Das Memory-Spiel zur Kunstgeschichte. In: Kunst+Unterricht, H. 274/275, 2003, S. 18-19.

36 Glonnegger 1988, S. 78.

37 „Art Omino. Fine Arts“ und „Art Omino. Impressionists“. (Piatnik-Verlag) Wien.

38 Wingler, Hans M.: Das Bauhaus. 3. Aufl. Bramsche 1975, S. 306.

39 Art'quadrat. Krefeld (Remember Products), o. J.

40 Beilagezettel zu: Kleiner Designer. Querform. Produktgestaltung. München o. J.

41 Das Spiel wird im Handel in einer großen Version mit 32 und einer kleinen Version mit 52 Karten angeboten.

42 Wehrli, Ursus: Kunst aufräumen. Zürich 2002.

43 Kunsthaus Zürich (Hrsg.): Kunstöffner. Zürich 2006.

44 Zimpfer, Moritz: Farben ordnen. Mit Farben spielen. Sulgen/Zürich (Niggli-Verlag) 1997.

45 Colour couple. Wer findet die meisten Farbpaare? München (Siebensachen) 2003.

46 Johannes Ittens Untersuchungen zur Farbe sind für Farbspiele immer noch ergiebig: Itten, Johannes: Kunst der Farbe. Ravensburg 1961 (zahlreiche Neuauflagen).

47 Das Kartenset wurde von Dr. Astrid Brosch am MPZ entwickelt.

48 Die inhaltliche Seite des Gemäldes wird im Kapitel „Kreuzworträtsel“ vorgestellt.

49 Wehrli, Ursus: Kunst aufräumen. Zürich 2002.

50 Jooss, Birgit: Lebende Bilder. Körperliche Nachahmung von Kunstwerken in der Goethezeit. Berlin 1999.

51 Vgl. Bertscheit 2001, S. 81 („Rollenspiele“). Ein Spieler nimmt die Haltung einer dargestellten Person ein und erzählt aus der Rolle heraus (s)eine Geschichte.

52 Schemm, Jürgen von: „Lebende Bilder“ und vermittelndes Spiel. In: Standbein Spielbein. H. 64, 2002, S. 36-39.

53 Pocketquiz: Kunst & Literatur. 150 Fragen. Kempen (Moses-Verlag) 2002.

54 Hostettler, Urs: Anno Domini – Kunst. Dreieich (Abacusspiele).

55 Vgl. die Aufgaben der Kategorie „Rate“ und „Schätze“ im „Spiel mit Kunst für Kinder“ (Belser-Verlag).

56 „Das Spiel mit Kunst für Kinder“ (Belser-Verlag) und Grubbe, Gerhard: Kunstbox. Kunstfälschern auf der Spur. München, London, New York (Prestel-Verlag) 2003.

57 Pocket Quiz: Kunst & Literatur. 150 Fragen. Kempen (Moses-Verlag) 2002.

58 Pocket Quiz 2002: „Barock ... bezeichnet eine Stilepoche der europäischen Kunst zwischen ca. 1600 und 1750.“

59 Pocket Quiz 2002: „Ein Gesamtkunstwerk ist die Verbindung mehrerer künstlerischer Gattungen, oft zusammen mit Musik, Theater, Tanz und Dichtung, zu einem neuen Ganzen.“

60 Pocket Quiz 2002: Lösung c.

61 Prestel Kunstspiel: Lösung b.

62 Pocket Quiz 2002: „Die Impressionisten wollten mit ihren Bildern Impressionen (= frz. Eindrücke) von Licht, Schatten und Farbe wiedergeben.“

63 Pocket Quiz 2002: „Amerikanische Pop-Art erhob die Konsumwelt zur Kunst, englische Pop-Art hingegen kritisierte das Konsumverhalten.“

64 Prestel Kunstspiel: Lösung a.

65 Pocket Quiz 2002: Lösung a.

66 Pocket Quiz 2002: René Magritte.

67 Prestel Kunstspiel: Lösung a.

68 Pocket Quiz 2002: Lösung a.

69 Pocket Quiz 2002: Lösung b.

70 Pocket Quiz 2002: Lösung c.

71 Pocket Quiz 2002: „Der Goldene Schnitt ist ein Proportionsverhältnis, bei dem sich Flächen und Längen 1:1,4 verhalten."

72 Pocket Quiz 2002: „Die Impressionisten setzten viele kleine Pinselstriche verschiedener Farben nebeneinander."

73 1837, Bayerische Staatsgemäldesammlungen – Neue Pinakothek, München.

74 Bertscheit 2001, S. 96 („Bild-Fragen-Quiz") schlägt eine Variante mit Wettbewerbcharakter (mit Punktevergabe) und eine ohne vor (wobei der Spieler das Bild nochmals ansehen darf, wenn er eine Frage nicht beantworten kann).

75 Bisher liegen Fächer zu folgenden Themen vor: Meisterwerke Ägypten, Meisterwerke Antike, Meisterwerke Mittelalter, Meisterwerke Renaissance, Meisterwerke Barock, Meisterwerke 19. Jahrhundert.

76 Slanina, Sabine: Meisterwerke 19. Jahrhundert. Belser Kunstfächer. Stuttgart 2003.

77 Christina Aigner, Steffi Waldschmidt, Kerstin Vetter: Peter Paul Rubens. 31 Fragen und Antworten. Der Turbo-Quiz-Spaß mit dem schnellen Dreh! Umfang des Fächers: 35 Seiten. Entstanden in der Übung „Kunstspiele II" im Sommersemester 2006 an der Ludwig-Maximilians-Universität München.

78 Das erste Kreuzworträtsel der Welt erschien am 21. Dezember 1913 in der Tageszeitung „New York World". Zuvor hatte es im viktorianischen England einen Vorläufer gegeben, das „Magische Quadrat". Bei diesem Kinderspiel mussten in ein quadratisches Raster vorgegebene, gleich lange Wörter so eingefügt werden, dass sie senkrecht und waagrecht lesbar waren.

79 Beispiele für Kreuzworträtsel im Unterricht: Klippert, Heinz: Methoden-Training. Übungsbausteine für den Unterricht. 14. Aufl. Weinheim, Basel 2004, S. 94, 126, 127, 186.

80 Vgl. die Hinweise auf ein englisches Programm für Lehrer und Schüler unter www.lehrer-online.de.

81 Das Kreuzworträtsel entwickelte Hannah Fischer.

82 Lösung des Kreuzworträtsels zum „Pan im Schilf“:

1) Wasser

2) Schweiz

3) Symbolismus

4) Mythologie

5) Schwül

6) Melancholie

7) Ovid

8) Syrinx

83 Das Prestel Kinderkunstspiel. München, London, New York (Prestel-Verlag) 2000, Das Prestel Kunstspiel. München, New York (Prestel-Verlag) 1998, Spiel mit Kunst für Kinder. Stuttgart (Belser-Verlag) 2004, Stanger, Annette / Lüdtke, Wolfgang: Spiel mit Kunst. Kunst erleben von den Anfängen bis Gegenwart. Stuttgart (Belser-Verlag) 2000.

84 Schachtelumschlag „Prestel Kunstspiel“.

85 In der Erwachsenenversion „Spiel mit der Kunst“ heißt dieser Aufgabentyp „Auf den Punkt gebracht“.

86 Kloeverkorn, Anne: „Spiel mit Kunst“. In: Kunst + Unterricht, H. 274/275, S. 10.

Bildnachweis

akg-images, Berlin: S. 60 rechts, 61 links, 62 rechts oben, 62 links unten, 63 oben, 64 links oben, 65 links oben, 65 Mitte oben

akg-images/Electa: S. 62 rechts unten

akg-images/Erich Lessing: S. 4-5, 10, 11, 14, 15 oben, 17, 60 links, 63 links unten, 64 rechts oben, 65 rechts oben, 65 unten

akg-images/Rabatti – Domingie: S. 138

Anni und Josef Albers Foundation: S. 114 © VG Bild-Kunst, Bonn 2011 (Foto: Werner Hannapel © VG Bild-Kunst, Bonn 2011)

Bayerische Staatsgemäldesammlungen – Alte Pinakothek, München: S. 6, 22-23 (Leihgeber: HypoVereinsbank), 24-25, 35, 39, 40, 90-91 (Leihgeber: Wittelsbacher Ausgleichsfonds), 92-93 (Leihgeber: Wittelsbacher Ausgleichsfonds), 130, 140, 141

Bayerische Staatsgemäldesammlungen – Neue Pinakothek, München: Umschlag, S. 29, 30, 47, 48, 50-51, 61 rechts, 62 links oben, 63 rechts unten, 64 links unten, 68-69, 75, 76-77, 94-95, 100, 103, 111 (Leihgeber: Wittelsbacher Ausgleichsfonds), 112 (Leihgeber: Wittelsbacher Ausgleichsfonds), 122-123, 133, 134, 144, 146-147

Bayerische Staatsgemäldesammlungen – Pinakothek der Moderne, München: S. 121 © VG Bild-Kunst, Bonn 2011

Belser Verlag, Stuttgart: S. 137, 149

Alfred Czech, München: S. 7, 20, 26, 41 (nach einem Gemälde der Bayerischen Staatsgemäldesammlungen, München), 105, 106, 120 (Max Beckmann, Selbstporträt: Bayerische Staatsgemäldesammlungen – Sammlung Moderne Kunst in der Pinakothek der Moderne, München © VG Bild-Kunst, Bonn 2011), 130 oben

IAM/akg-images: S. 64 rechts unten

moses. Verlag GmbH, Kempten: S. 127

Museums-Pädagogisches Zentrum: S. 84-85, 151 (nach Vorlagen des Prestel Verlages München, in der Verlagsgruppe Random House)

Ferd. Piatnik & Söhne, Wien: S. 86-87 (Abdruck mit freundlicher Genehmigung der Wiener Spielkartenfabrik, Ferd. Piatnik & Söhne, Wien)

Prestel Verlag, München (in der Verlagsgruppe Random House GmbH): S. 16, 153

Ravensburger AG, Ravensburg: S. 79

REMEMBER® – Keppler & Fremer GmbH, Krefeld: S. 97

Sharon Avery-Fahlström: 12, 13

Studierende der museumspädagogischen Übungen für das Kunstpädagogische Institut der Ludwig-Maximilians-Universität München (Kunstspiele, Sommersemester 2005 und 2006): S. 49, 82 (nach Gemälden der Bayerischen Staatsgemäldesammlungen, München)

Es wurde versucht, alle Rechtegeber zu ermitteln. Sollten weitere Ansprüche vorliegen, bitten wir die Betroffenen, sich bei uns zu melden.

mpz
museums
pädagogisches
zentrum

Wir übernehmen die Führung.
Das Museums-Pädagogische Zentrum in Kürze

Was machen wir?
Wir entwickeln und realisieren Museums- und Stadtführungen, Werkstattprogramme, Fortbildungen und Freizeitveranstaltungen. Wir beraten Museen bei didaktischen Fragen und veröffentlichen Schriften zu Museen und zur Museumspädagogik.

Wer sind wir?
Die Referenten des MPZ sind Pädagogen und Fachwissenschaftler, die auf altersgemäße und didaktische Vermittlung spezialisiert sind.

Für wen werden wir tätig?
Schulklassen, Kindergärten, Lehr- und Erziehungskräfte, Kinder und Jugendliche, Familien, Erwachsene ... Unsere Programme sind auf verschiedenste Zielgruppen zugeschnitten.

Wo arbeiten wir?
In München und ganz Bayern leisten wir unsere Vermittlungsarbeit: in kunst- und kulturhistorischen sowie naturwissenschaftlichen Museen.

Wie vermitteln wir?
Die Methoden der Vermittlung sind so vielfältig wie die Themen selbst. Aber immer geben Entdeckerfreude, Spaß und Kreativität den Ton an.

Warum kommen Sie zu uns?
Weil mit uns Museum zum Erlebnis wird.

Bayerische Museumsakademie

Mit etwa 1350 Museen ist Bayern das museumsreichste Bundesland der Bundesrepublik Deutschland. Die Dichte an staatlichen, kommunalen und privaten Museen und Ausstellungseinrichtungen macht die Museumsarbeit zu einem Schwerpunkt kultureller Bildung in Bayern. Zur Aus-, Fort- und Weiterbildung im Museumswesen haben daher das Institut für Bayerische Geschichte an der Ludwig-Maximilians-Universität München, die Landesstelle für die nichtstaatlichen Museen in Bayern und das Museums-Pädagogische Zentrum eine dauerhafte Einrichtung gegründet:

die Bayerische Museumsakademie.

Das breit gefächerte Angebot der Bayerischen Museumsakademie richtet sich an:

- → Studierende
- → Lehrkräfte aller Schularten
- → Erzieherinnen und Erzieher
- → Mitarbeiterinnen und Mitarbeiter von Museen

Die Bayerische Museumsakademie arbeitet eng mit Institutionen in Bayern, Deutschland und dem europäischen Ausland zusammen, insbesondere mit Museen und deren museumspädagogischen Einrichtungen sowie mit Universitäten und Hochschulen, Instituten der Lehrerfortbildung und ähnlichen Einrichtungen.

www.bayerische-museumsakademie.de